ÉMILE GEBHART

DE L'ACADÉMIE FRANÇAISE

Sandro Botticelli

PARIS

LIBRAIRIE HACHETTE ET Cⁱᵉ

79, BOULEVARD SAINT-GERMAIN, 79

Sandro Botticelli

OUVRAGES DU MÊME AUTEUR

PUBLIÉS DANS LA BIBLIOTHÈQUE VARIÉE

PAR LA LIBRAIRIE HACHETTE ET Cie

Les origines de la Renaissance en Italie. Un vol. in-16, br. 3 fr. 50

Ouvrage couronné par l'Académie française.

L'Italie mystique. 5e édit. Un vol. in-16, broché. . . . 3 fr. 50

Moines et papes. 4e édit. Un vol. in-16, broché. . . . 3 fr. 50

Au son des cloches. 4e édit. Un vol. in-16, broché. . . 3 fr. 50

Conteurs florentins du Moyen Age. 3e édit. Un vol.
in-16, broché. 3 fr. 50

D'Ulysse à Panurge, contes héroï-comiques. 2e édition.
Un vol. in-16, broché. . . . . 3 fr. 50

Autour d'une tiare, roman historique. Un vol. in-16. . 3 fr. 50
Librairie Armand Colin.

763-07. — Coulommiers. Imp. PAUL BRODARD. — 10-07.

ÉMILE GEBHART

DE L'ACADÉMIE FRANÇAISE

Sandro Botticelli

PARIS

LIBRAIRIE HACHETTE ET Cie

79, BOULEVARD SAINT-GERMAIN, 79

1907

AU LECTEUR

Un mot sur les sources de ce livre, qui parut en 1907, chez Goupil, très richement illustré, et que MM. Manzi et Joyant, successeurs du grand éditeur d'art, nous permettaient de publier en un format plus simple.

Les documents premiers sont : le *Memomoriale* de Francesco Albertini « sur les statues et peintures de l'illustre cité de Florence » ; l'*Anonyme Gaddiano*, manuscrit de la *Magliabechiana*, qui précéda la première édition de Vasari, mais que celui-ci n'a pas connu; la *Vie* de Botticelli dans la grande histoire de Vasari, *Vie* dont chaque ligne doit être contrôlée avec le plus grand soin.

Ajoutez quelques dates et quelques faits épars dans les Archives d'Italie.

Sur l'œuvre même de Botticelli, disséminée à travers l'Europe et dont plus de la moitié est discutée, tenue pour suspecte, s'est établie toute une littérature savante. Depuis près de quatre-vingts ans, depuis Lanzi jusqu'à M. Supino, en Italie, en Allemagne, en Angleterre, en France, les historiens de l'art ont édifié sur Sandro une fort ample bibliothèque, dont la lecture serait assez déconcertante, tant l'authenticité et la chronologie d'un grand nombre d'ouvrages présentent, d'un critique à l'autre, de singulières variations. Il serait aujourd'hui peu prudent de se fier, les yeux fermés, au catalogue dressé jadis par Crowe et Cavalcaselle.

Je risquais d'errer longtemps à tâtons en cette Tour de Babel. Mais la lumière m'est venue heureusement de Florence même, de l'*Archivio Storico dell' Arte*. J'y ai trouvé sans peine le nom du savant qui jouit chez nos voisins de la plus légitime autorité, M. Hermann Ulmann, de Munich. Son *Sandro Botticelli*, publié en 1893, passe au crible d'une critique précise, rigoureuse toutes les peintures de Botticelli, authentiques ou incertaines ou visiblement apocryphes, les toiles sorties de l'atelier de Sandro, œuvres de ses élèves, qu'il inspira, dont il put lui-même tracer l'esquisse; enfin, les recherches érudites, les discussions techniques accumulées sur le grand Florentin.

La riche monographie de M. Ulmann me donnait donc un catalogue complet, méthodique, raisonné des peintures de Sandro. Sur les 163 tableaux ou fresques attribués à l'artiste, 77 seulement y sont réservés

comme en une galerie où le visiteur s'arrête en parfaite sécurité. Je me suis fait une
loi stricte de respecter ce catalogue. Je
demande pardon aux collectionneurs dis-
tingués et même à quelques grands musées
de l'Europe qui ne rencontreront pas ici
tel de leurs *Botticelli*. Ne l'oublions pas :
Sandro eut de nombreux disciples, des disciples attentifs et enthousiastes, d'un tour
de main fort habile, qui surént imiter la
manière du maître, et se trahissent par la
recherche affectée de certains gestes, l'appareil trop mouvementé des chevelures, le
raffinement du symbolisme. J'avoue que,
pour quelques ouvrages renommés, le
sacrifice m'a beaucoup coûté. Mais l'illustration si libérale de ce livre, en sa forme
première, apporta sans doute quelques con-
solations aux amis de l'artiste. Il y a des
Botticelli du second degré qu'une critique
impérieuse marque d'un point d'interroga-
tion ou même de deux et qui, dans la galerie

latérale du grand musée formé par l'édition de Goupil, purent donner aux fidèles de la peinture florentine de très douces illusions. Je citerai quelques-uns seulement de ces exilés dont le sort est bien digne d'intérêt : les quatre allégories (si tristement abîmées) du petit oratoire de Saint-Anzano, près de Fiesole, les quatre *Triomphes* de la *Chasteté*, de l'*Amour*, de la *Religion* et du *Temps* ; l'*Abondance* ou l'*Automne* du musée Condé, à Chantilly, dont la chevelure s'agite et se tord « comme des flammes », et que compromet la laideur des deux petits génies, ivres, chancelant à ses côtés ; la *Vénus* du Louvre, entourée de petits Amours, une Vénus un peu grisâtre ; les deux *Tobie* de l'Académie des Beaux-Arts, à Florence, *Tobie et l'Archange Raphaël*, qu'il faut restituer à Botticini et à l'école du Verrochio, *Tobie et les deux Archanges*, qui appartiennent vraisemblablement à ce dernier peintre. C'est à cette discipline que j'ai dû la liberté d'esprit nécessaire à mon entreprise personnelle, à l'évocation d'une figure complexe, étrange, séduisante — païenne et mystique, — florentine et souriante avec Laurent le Magnifique et Politien, florentine encore et douloureuse avec Savonarole, cet enfant du *Mercato Vecchio*, élevé parmi les joies et les tragédies de la Renaissance, qui reçut de Platon la grâce de son génie et de Dante la lumière de sa conscience.

SANDRO BOTTICELLI

CHAPITRE PREMIER

LA JEUNESSE ET L'ÉDUCATION DE BOTTICELLI

I

Alessandro di Mariano Filipepi, surnommé di Botticello, du surnom même de son premier maître, et que les contemporains appelèrent familièrement Sandro Botticelli, naquit à Florence en 1446; il y mourut le 27 mai 1510, selon de récents historiens, en 1515 d'après Vasari, dont les dates sont souvent bien incertaines. C'était un enfant du petit peuple florentin, de cette race fine, avisée et fort éveillée, douée, aujourd'hui encore, d'une sorte de grâce aristocratique. Les traditions rigides de la vieille

Commune l'auraient enfermé en sa corporation, en son quartier, attaché à quelque modeste office des *Arts mineurs.* Il eût tenu, dans l'ombre de la maison paternelle, boutique d'orfèvre ou d'apothicaire; il eût vendu, sur le Ponte-Vecchio, des psautiers et des rosaires; le dimanche, parmi ses compères du Tiers-Ordre dominicain, il eût chanté d'interminables *Laudes* et parfois, sous la cagoule du pénitent bleu, noir ou gris, armé d'un cierge de cire jaune, il eût conduit, sans aucune tristesse, l'enveloppe mortelle de quelque voisin au plus proche Campo-Santo. Destinée très étroite et très humble qu'acceptaient allègrement les Florentins du temps passé, alors que la cité, *sobria e pudica,* selon Dante, vivait heureuse dans l'inviolable cercle de ses coutumes séculaires. Mais, dès le milieu du xve siècle, les bandelettes qui enlaçaient le citoyen, entravaient sa volonté et les caprices de son ambition, paraissaient rompues. *L'individu,* l'œuvre de prédilection qu'enfanta la Renaissance, échappait à la discipline antique. Par-dessus les *Arts majeurs,* plus haut que les banquiers, les légistes, les tisseurs de la laine ou de la soie, s'élevait l'art florentin par excellence, l'art du peintre ou du sculpteur, encouragé par l'Église, caressé par les Tyrans, les Républiques et les Mécènes, une noblesse parmi les principats du *Quattrocento*, une gloire dont rêvaient amoureusement les jeunes garçons, dès qu'ils avaient contemplé et adoré Giotto à Santa-Croce, Masaccio au Carmine, Frà Filippo Lippi au Dôme de Prato, Donatello à l'Or-San-Michele.

La passion de la beauté qui possède alors l'âme de l'Italie règne souverainement à Florence. Vous n'y rencontrez point un palais, une église, un cloître qui, par le jeu éclatant des couleurs, la magnificence des costumes, la tenue grave des figures et des attitudes, l'apparition des scènes les plus augustes détachées de l'Ancien Testament ou de l'Évangile, ne donne une fête aux yeux, à la conscience chrétienne un *Memento* solennel. Un incessant pèlerinage populaire amène chaque jour les bonnes gens du *Mercato Vec-chio*, les paysans du *Contado* en présence de ces beaux ouvrages. Ils y retrouvent l'image de leur foi naïve, les édifiants drames liturgiques des *Rappresentazioni sacre*, l'étable de Bethléem, avec l'âne et le bœuf, les rois Mages prosternés devant la crèche, revêtus de pourpre et d'hermine et balançant des encensoirs d'or, les épisodes douloureux de la Passion, Jésus, tout sanglant, couronné d'épines, Jésus crucifié entre deux voleurs, Jésus ressuscité, vainqueur de la Mort. Ils y saluent les saints patrons de leur ville, de leur village, de leur paroisse, de leur confrérie. Dix fois par jour, un bourgeois florentin lève son béret en face d'une icône de saint Jean, pauvrement vêtu d'une peau de brebis, portant sa frêle croix de roseau; ou bien, il s'arrête à quelque portique d'hôpital, au préau d'un cimetière, dans la cour d'une riche maison guelfe; il y retrouve les symboles de sa vie publique, même la vision de sa dernière heure, des processions et des entrées seigneuriales, des tournois et des banquets, la trompette du Jugement dernier et les morts qui surgissent, livides, hors de leurs sépulcres.

II

Dès le xiiie siècle, les peintres sont l'orgueil
de Florence. La grande Madone byzantine de
Cimabue, à Santa-Maria-Novella, si raide
encore et de mine si maussade, cause une
sorte d'éblouissement aux dilettanti de 1260.
Quand Charles Ier d'Anjou, allant vers Naples,
traverse la Toscane, les magistrats, parmi les
fêtes et les divertissements, choisissent, pour
faire honneur au frère de saint Louis, une
visite à l'atelier de Cimabue, dans les jardins
de la porte San-Piero. Tous les nobles, les
hauts bourgeois,les grandes dames accompa-
gnèrent le prince français avec de tels cris de
joie, que le quartier, depuis ce jour, s'appelle
Borgo Allegri. Puis, « en très solennelle pro-

cession », on transporta la Madone, au son des trompettes et des cloches, de la maison du peintre à la chapelle Rucellai. Déjà, au cours du XIVe siècle, dans les contes de Boccace et de Sacchetti, se montre la place faite par l'esprit florentin aux travaux, aux aventures, aux misères, aux bons tours et aux bons mots des artistes, aux plaisanteries de Giotto, aux *charges* d'atelier de l'incomparable rapin Buffalmaco. Dès le milieu du XVe, l'art se révèle à Florence tel qu'une fonction nationale. Le mécénat des Médicis, de Cosme l'Ancien à Laurent le Magnifique, rehausse la condition sociale des sculpteurs et des peintres. Ceux-ci se dévouent à l'embellissement de la vie patricienne, à la parure de leur ville. Et nous touchons au temps où tous les princes, toutes les cités d'Italie demandent à Florence des peintres et des sculpteurs que Florence envoie, missionnaires de son génie, à toutes les écoles de la Péninsule. Partout, alors, d'où qu'ils viennent, les artistes sont accueillis tendrement par les grands et le peuple, les riches marchands et les femmes, surtout par l'Église : Sixte IV les convie à la décoration de la chapelle Sixtine; Alexandre VI livre au pinceau superbe de l'Ombrien Pinturicchio les salons du Vatican où s'étalèrent, en une frénésie d'impudeur, les bacchanales des Borgia; Jules II ne fléchira qu'en face du seul Michel-Ange la rigidité de son orgueil. Près du lit de mort de Raphaël, on verra Léon X s'agenouiller et pleurer.

C'est ainsi qu'en moins de cinquante années l'artiste italien a pris une place éminente parmi les maîtres de la civilisation. Comme le condottière, le poète, le grand conspirateur, le diplomate, comme tous les privilégiés de la nature qui ne doivent rien à leurs ancêtres et sont le chef-d'œuvre même de leur propre esprit, l'artiste peut développer, sans contrainte aucune, les forces généreuses ou les instincts pervers de sa conscience. Qu'il soit Michel-Ange ou l'Arétin, on saluera en lui l'*uomo singolare*, l'*uomo unico*, l'incomparable artisan d'une destinée éclatante et, pour traduire le mot où la Renaissance a mis tout son cœur, le *virtuose*. On sait que la *virtù* qu'exalta

Machiavel en ses pages les plus saisissantes n'a rien de commun avec la vertu. Le virtuose peut être un grand chrétien, un citoyen très pur, une âme excellente : tel fut Michel-Ange et, sans doute aussi, Brunelleschi. Mais, le plus souvent, l'idéale créature se rira de la morale vulgaire et des traditions surannées dont vit la race candide des hommes. Il sera César Borgia, Benvenuto Cellini, Pier Luigi Farnèse ou l'Arétin.

N'oublions pas cependant le miracle d'indulgence consentie par une société que ravissaient les audaces des forts, — les lions, — qu'enchantait la malice des fourbes, — les renards. Le virtuose italien est bien l'enfant de son siècle. Ici, l'Église italienne, corrompue par les vanités terrestres, eut sa trop large part de responsabilité morale. Pour ses artistes bien-aimés, elle avait des tendresses maternelles qui favorisèrent leurs plus libres fantaisies. Il plaît à Frà Filippo Lippi, moine à demi défroqué, d'enlever une jeune religieuse et d'en faire sa maîtresse. Le pape Eugène IV lui offre une dispense de mariage, mais oublie de le relever de ses vœux. Filippo refuse la dispense « afin de se conduire à sa guise » et garde jusqu'à son dernier jour la tête rasée et sa qualité de Frère. Une dispense de Pie II ne changea rien à ce régime extra-ordinaire de vie. Dans leur nécrologe, les bons Pères Carmélites enregistrent la mort du *frater Filippus*, et le clergé de Spolète l'enterre dévotement en son église de Notre-Dame. Il laissait son Filippino et six petites filles. Le pape Clément **VII** avait enfermé au château Saint-Ange Benvenuto Cellini, qui jouait trop légèrement du couteau entre les épaules des gens de Rome. Paul III, âme très haute, répond aux personnes qui lui dénoncent les vices de son spirituel spadassin : « Les hommes uniques dans leur art, comme Cellini, ne doivent pas être soumis aux lois, et lui moins que tout autre ».

Il fallait rappeler ce caractère dominant du génie italien, du génie de Florence, que trois siècles de révolution avaient trempé d'énergie individuelle. D'année en année, le *Quattro-cento* élargit l'horizon de lumière qui ravit les yeux de ses enfants. Une tentâtion de gloire éveille les vocations d'art. Les plus petits, les plus obscurs se bercent d'un songe d'immortalité. Ce pauvre adolescent, vêtu de bure grossière, Sandro, dans l'échoppe de son père le tanneur, hanté d'images paradisiaques aperçues aux églises de sa ville, l'oreille toute pleine des chants qui viennent de la rue, se prépare silencieusement à l'avenir. Ainsi faisaient, en cette féconde Florence, Filippo Lippi, fils d'un boucher; Paolo Uccello, fils d'un barbier; les Pollajuoli, fils d'un marchand de volailles.

III

Les premières lignes tracées par Vasari, en sa biographie de Botticelli, dépouillées de la rhétorique nuageuse familière au vieil historien, méritent de retenir notre attention : « L'enfant, dit-il, fut élevé avec soin par Filipepi et instruit en toutes les choses que l'on enseigne aux petits avant qu'on les mette aux boutiques. Mais, bien qu'il apprît facilement et vite tout ce qu'il voulait, il était néanmoins toujours inquiet (*era nientedimeno inquieto sempre*) et, à l'école, se montrait rebelle à la lecture, à l'écriture et à l'arithmétique. De sorte que le père, dégoûté d'une cervelle si vagabonde et si bizarre (*infastidito di questo cervello si stravagante*), de guerre lasse (*per disperato*), le plaça comme apprenti en orfèvrerie chez un sien compère appelé *Botticello* — la petite bouteille, — excellent maître alors en cet art. »

Voilà donc un jeune garçon d'imagination ardente et errante, qui promet un homme passionné, enfiévré d'enthousiasme mobile et qui, en attendant, est un détestable écolier. Si le père, découragé, lui dit, un beau matin : « Va te faire orfèvre », au lieu de lui attacher au col le tablier de tanneur, c'est qu'assurément, comme jadis Filippo Lippi, « il barbouillait de bonshommes ses livres et ceux de ses camarades », ou, comme Andrea del Castagno, il dessinait au charbon, sur les murs de l'école, des figures et des bêtes. Or, un bon Florentin ne savait point combattre le talent naissant d'un artiste éclos entre les pierres de son foyer. Et le petit Sandro, trop heureux de quitter les bancs et d'échapper à la férule, va, pour un temps, tresser, sous les yeux du Botticello, les légers filigranes d'or et d'argent, ciseler les parures de femmes et les reliquaires, les marguerites et les roses dont il fleurira plus tard ses tableaux....

En ce temps-là, dit Vasari, entre orfèvres et peintres les rapports étaient intimes et de tous les jours. L'orfèvrerie menait naturellement à la peinture. Masonilo da Panicale, Paolo Uccello avaient été naguère apprentis dans l'atelier de Ghiberti. Les plus grands parmi les contemporains de Botticelli, Andrea del Verocchio, António Pollajuolo manièrent la lime avant de toucher aux pinceaux. Domenico Ghirlandajo était le fils de Tommaso le *Guirlandier*, entre les doigts duquel, vers le milieu du siècle, s'épanouirent les guirlandes d'or que les jeunes filles enroulaient en leurs chevelures. Plus tard encore, ce fut, pour Andrea del Sarto, la même éducation d'art. Cette discipline première est bien florentine. Les peintres de Florence en reçurent le goût de l'ornementation délicate, la finesse et le relief de l'exécution. La pratique du dessin minutieux, scrupuleux, la recherche des formes les plus sveltes, les plus pures, même étranges, les causeries de l'atelier, le voisinage des ateliers de peintres, les lentes flâneries, vers le soir, l'*orafo* et la *pittura* che-

minant de compagnie le long de l'Arno,
réjouis par la beauté du soleil couchant, la
douceur dorée du crépuscule, l'aspect austère
des montagnes apennines noyées d'azur
sombre, le bruissement confus des campa-
niles lointains, cet adieu au jour mourant qui
charmait le souvenir du grand exilé florentin :

> *Se ode squilla di lontano*
> *Che paia'l giorno pianger che si muore,*

sont alors, pour cette jeunesse, le travail et le
délassement, et détournaient de l'industrie honnête, mais bornée en son domaine, immobile
en ses procédés, de l'orfèvrerie, les futurs
émules de Masaccio et de Filippo Lippi.

N'oublions pas enfin l'enseignement quoti-
dien que donnait aux enfants de Florence la
porte du Baptistère, la porte du « Paradis »,
disait Michel-Ange. Ghiberti travailla vingt-
sept années à ce joyau et pensait peut-être y
montrer seulement le facile passage de l'orfèvrerie à la sculpture décorative. En réalité,
c'est plutôt encore une esthétique et des
procédés de peintre qui se révèlent en ces

bas-reliefs d'airain. La très fine ciselure des chevelures, des plis de vêtements où passe un souffle d'air, les détails de l'ornementation sont bien d'un orfèvre, mais le mouvement général des personnages, la sûreté et les ruses de la perspective, la succession et la dégradation des plans pittoresques, jusqu'à l'apparition parfois d'un vague clair-obscur, trahissent le « peintre en bronze », l'artiste indifférent aux règles d'école et qui franchit lestement les frontières traditionnelles tracées entre la sculpture et la peinture. Étudiez, à chaque panneau, les nombreuses têtes alignées en perspective sur un plan incliné ; ici, l'effet d'illusion pittoresque est surprenant. Ghiberti, pour l'obtenir, usa de toutes les dégradations du relief, jusqu'au *stracciato* (la déchirure), où les parties inférieures ne sont que gravées ou incisées.

IV

L'orfèvrerie est donc, à Florence, l'initiation à la peinture. L'apprenti, passionné pour les images en couleur, désertera bientôt l'établi étoilé de poussières d'or et courra s'offrir à quelque maître renommé pour ses *Saintes Familles*, ses *Rois Mages* ou ses *Crucifixions*. En 1462, le jeune Botticelli s'empressa de tirer sa révérence au vieux Botticello et, conduit par son père lui-même, « qui comprit, dit Vasari, l'inclination de cette cervelle », il alla frapper à la porte de Frà Filippo, appelé toujours gentiment, malgré l'irrégularité canonique de sa vie, Filippo del Carmine, Filippo le Carme. Sandro avait alors environ quinze ans. Lippi travaillait, près de Florence,

dans la cathédrale de **Prato**, à son chef-
d'œuvre, la *Vie de saint Jean-Baptiste* et
celle de *saint Étienne*, commencées en 1458.
Il passait pour le plus grand peintre de l'Italie.
Il avait emmené à Prato toute son école et son
fidèle confrère et collaborateur Frà Diamante.
L'adolescent se trouva tout à coup en face
d'un art très libre et très vivant, légèrement
sensuel. Ce n'étaient plus la gravité hiératique de Masaccio, la dignité simple des personnages évangéliques, le pathétique discret
des scènes religieuses, à demi enveloppé par
le mystère du clair-obscur, les grâces chastes,
un peu froides, de la chapelle Brancacci.
L'imagination fougueuse de Frà Filippo
s'élance joyeusement vers des réalités plus
familières. Il lui faut des visages plus sédui-
sants, des madones plus féminines et plus
maternelles, des costumes plus variés et plus
riches, des gestes plus individuels, des anges
moins semblables à de pieux enfants de chœur,
des architectures plus raffinées, des paysages
plus larges, plus ensoleillés, et des fleurs et
des roses en profusion. On admirait encore à

2

Prato, au temps de Vasari, après Raphaël et
Léonard et du vivant du Véronèse, l'expression
saisissante de ses figures, la sérénité de
saint Étienne, debout, impassible sous la grêle
de pierres que lui jettent les juifs déchaînés,
la beauté de ses yeux levés vers le ciel et qui
semblaient supplier Dieu pour ses bourreaux ;
l'enthousiasme apostolique de saint Jean
prêchant aux multitudes et, dans le *Festin
d'Hérode*, l'ordonnance majestueuse du banquet et « les belles attitudes des corps, et le
jeu savant des draperies ».

On peut croire que, dès le premier jour,
Filippo Lippi prit en grande affection le petit
Sandro. Il l'aima tendrement jusqu'à la fin de
sa vie et, se sentant mourir à Spolète, il lui
confia, par son testament, la garde de son fils
Filippino, âgé de dix ans. Frà Diamante
conduisit l'enfant à Florence, chez Botticelli,
qui déjà était tenu pour « maestro bonis-
simo ».

L'éducation de l'apprenti sur l'échafaudage
même de la cathédrale de Prato, fut donc très
rapide. A vingt-trois ans, Botticelli est déjà

connu en sa ville natale pour l'excellence de ses ouvrages. Il a traversé très vite le stage d'une discipline laborieuse dont le curieux *Libro dell' Arte*, de Cennino Cennini, un demi-siècle plus tard, présenta le détail minutieux. Au cours du *Quattrocento*, le néophyte de l'art travaillait treize ou quatorze ans sous les yeux et pour le service du maître. Il commençait par balayer l'atelier et veiller au *brasero*, puis il passait au dessin; puis, pendant six années, dans la *bottega*, il s'appliquait au mélange des couleurs, à la cuisson des colles, à la préparation des panneaux; enfin, six années encore, tout en dessinant tous les jours, même les jours de fête, il trempait son pinceau dans la couleur, s'essayait aux draperies d'or, à la fresque, au coloris des figures, aux tons changeants des tissus, selon les rencontres de lumière ou d'ombre, à la transparence des eaux, aux architectures, aux plans fuyants des paysages, à la flore et à la faune utiles à la peinture, aux coursiers de guerre et aux lévriers, aux sveltes cyprès, aux pins arrondis en coupole, à la candeur virginale des lis, aux lauriers brodés de fleurs vermeilles, aux prairies piquées d'anémones, de jacinthes et de boutons d'or. Alors seulement, le garçon, le compagnon, le *ragazzo*, devenait *maestro*, et Florence comptait un patron de plus dans la confrérie de ses peintres. Mais, tout en attendant la clientèle des palais et des églises, afin de s'aider à vivre, quand, vers le soir, la boutique se ferme, le jeune homme pratique encore une petite industrie. Antonio Pollajuolo revient à l'orfèvrerie; il tord des filigranes, enchâsse des pierreries, cuit des émaux d'argent. Botticelli, plus inventif, imagine des recettes de chimie; il teint les étoffes et les étendards en couleurs bonnes à braver le soleil et la pluie, l'implacable pluie florentine.

V

Ce *stravagante* de Sandro ne se contenta
point de la haute leçon d'art que lui donnèrent,
au Dôme de Prato, saint Étienne et le
Baptiste. Il y avait alors à Florence, dans les
ateliers des sculpteurs et des peintres, une
telle effervescence d'invention, une curiosité
si vive pour les beaux ouvrages, un si généreux entraînement d'émulation, qu'un néophyte recevait, même à son insu, de multiples
enseignements et pouvait se réclamer de trois
ou quatre maîtres. Les œuvres accomplies
sous ses yeux par ses jeunes compères
d'apprentissage l'excitent encore à l'imitation, en cette période indécise où l'artiste,

inquieto, cherchant sa voie originale, passe si volontiers sur le sentier frayé par ses amis.

Frà Filippo, appelé, en 1467, à Notre-Dame de Spolète, où son élève ne paraît pas l'avoir suivi, n'avait point tardé à laisser le jeune Botticelli voler de ses propres ailes. Il l'avait formé à la technique de son art, au *tour de main*, au parti pris de liberté personnelle, à cette sérénité d'inspiration que l'aimable moine assaisonnait de gaieté naturelle. « Frà Filippo, dit Vasari, fut très ami des personnes joyeuses et vécut toujours avec allégresse. » Sandro gardera longtemps la sérénité de son maître; quant à la gaieté, je n'en vois guère de trace ni en son œuvre, ni en sa vie. Il était réservé au destin des âmes lyriques, que l'enthousiasme et le rêve ont portées vers des régions sublimes, en plein azur, que les misères du siècle rejettent à terre, à l'amertume des désillusions, à l'angoisse de l'avenir et qui s'éteignent dans la tristesse.

Pendant quelques années, après l'initiation de Prato, Botticelli sera touché par des influences très diverses. Paolo Uccello et Andrea del Castagno, qui, avec Masaccio, furent au premier rang parmi les peintres, durant la première moitié du *Quattrocento*, ont laissé en son œuvre des traces assez sensibles. Paolo lui inspira la recherche des perspectives subtiles, et des paysages profonds ; à l'exemple du Castagno, ce réaliste violent, d'imagination sauvage, il dut la précision des attitudes, même impétueuses et peut-être la rudesse de certaines figures. Sa familiarité avec les grands peintres orfèvres de son temps, les deux Pollajuoli et le Verrocchio, fut plus féconde encore. Tous trois ils étaient ses aînés de quelques années. Ils l'habituèrent au fini du détail, au scrupule du dessin, à la pondération harmonieuse des ensembles, aux gammes claires des couleurs opalines, à la gravité de l'exécution, qualités qui n'étaient point dominantes en Filippo Lippi et qui seront le charme des ouvrages parfaits de Sandro.

A tous ces modèles signalés par les historiens de la peinture florentine, j'ajouterai deux maîtres qui séduisirent certainement le jeune artiste par un attrait de poésie, Luca della Robbia et Donatello. Aujourd'hui, plus encore qu'au xvᵉ siècle, n'est-ce point tout rayonnant d'une auréole de poète que Botticelli s'offre à la tendresse de la postérité?

Les figures de della Robbia et de Donatello, d'expression si calme, de physionomie si recueillie, ont comme une transparence qui permet d'entrevoir des âmes ou très candides ou très fières, de jeunes âmes chrétiennes délicates et pures, ou bien de jeunes héros au cœur intrépide, à l'épée très noble, tels que le *saint Georges* et le *David* en bronze de Donatello, le jeune athlète nu, couronné d'un chapeau de berger orné de lierre. Jamais la sculpture antique n'avait tenté de surprendre ainsi des consciences et, à l'aide de gestes et de poses d'une idéale simplicité, d'en révéler la pensée ou la sensation présente. Revoyez, à Florence, les adolescents que Luca fait chanter ou jouer d'instruments de musique, le petit *saint Jean* et le *Précurseur jeune* de Donatello;

puis, à Prato, autour de la chaire extérieure
de la cathédrale, les bandes de gais garçonnets
que cet artiste nous montre « entrelacés comme
des rameaux de vigne et qui cheminent en
dansant et en chantant ». Ce n'est point une
esthétique d'école qui dirigea la main des deux
sculpteurs. Sans affectation doctrinale, par
tradition toute florentine, toute *naturaliste*,
ils ont cherché la manifestation la plus séduisante de la vie en sa première fleur, telle
qu'ils la rencontraient dans les carrefours de
leur ville, sur les grèves de l'Arno, au chœur
des églises, parmi les vapeurs bleuâtres de
l'encens. Le petit *saint Jean*, en bas-relief,
est un enfant de dix ans, l'épaule et le bras
nus, la poitrine à demi revêtue d'une toison
d'agneau, tête frisée, front accentué, regard
très doux, un peu étonné, bouche entr'ouverte
comme pour un *Ave Maria*. Le buste du jeune
Précurseur, grave, déjà viril, les yeux rêveurs,
figure nerveuse et presque frissonnante, fut,
dit-on, le portrait d'un jeune patricien. Cette
jeunesse florentine était toute prête pour la
parure des œuvres d'art. Enfants ou ado-

lescents, Botticelli, après avoir allongé et
assoupli les boucles de leurs brunes chevelures, sut les transformer en ces beaux anges,
l'une de ses merveilles, qu'adoptera Filippino
Lippi, son pupille.

Vasari raconte qu'à son retour de Rome, en 1482, Sandro, qui manquait d'argent, se mit à commenter Dante, puis à illustrer les scènes de *l'Enfer* (il oublie le *Purgatoire* et le *Paradis*). On verra plus loin l'importance morale de ce travail, premier signe de la profonde crise d'âme, très vive, mélancolique, qui dura jusqu'à la mort de l'artiste. L'honnête chroniqueur, qui glisse si légèrement sur l'observation des caractères, ne voit en cette entreprise de Botticelli qu'un nouveau témoignage de l'esprit le plus fantasque. « *Per essere persona sofistica* », écrit-il étourdiment. Certes, l'Italie de Vasari, après Alexandre VI, Léon X et Clément VII, après Alexandre de Médicis et Lorenzaccio, abandonnée aux douceurs morbides de la servitude, était bien loin de Dante, des terreurs mystiques, des colères et des haines de son plus grand citoyen. Vers le même temps, Michel-Ange, solitaire et méconnu, avait, lui aussi, confessé son angoisse religieuse, aux marges de sa *Divine Comédie* :

« De Dante, écrivait-il, en l'un de ses plus beaux sonnets, l'œuvre fut mal connue et son haut désir, de ce peuple ingrat près duquel les justes seuls ne trouvent pas le salut. »

Pour les Florentins du principat médicéen, les funèbres visions et les ravissements de Dante étaient des symboles plus obscurs encore qu'à l'âge de la vieille commune guelfe. Le peuple avait oublié l'exilé qui dormait là-bas, à Ravenne, dans le sépulcre de l'Empire romain. Les lettrés, les humanistes, les platoniciens, les politiques — Machaviel excepté — ne lisaient plus guère les formidables tercets où gisent ensevelies les fureurs et les souffrances d'un monde à jamais éteint. Or, ce n'est pas à trente-cinq ans seulement,

Nel mezzo del cammin di nostra vita,

qu'un peintre florentin, même en quête de res-
sources ou de fantaisies d'art, put aborder
l'austère poète et franchir, pour la première
fois, le seuil de son Enfer. Je sais bien que, de
tous côtés, sur les murailles des chapelles et
des cloîtres, s'offraient à ses yeux les tableaux
de l'affreuse géhenne. C'était une prédication
pittoresque et familière que l'Église aimait à
présenter aux bonnes gens, afin de leur ins-
pirer la crainte du Jugement de Dieu. Mais
est-ce vraiment à la terrible *Cantica* que cette
imagerie diabolique rappelait les chrétiens?
Cet appareil de rôtisserie infernale, les chaudières et les broches, les diables armés de
fourches, les contorsions et les grimaces des
réprouvés, le masque bestial de Satan paraissent la figuration des homélies sonores
que les Frères Mendiants clamaient, entre
vêpres et complies, du haut du *pulpito*, parfois même de tréteaux dressés sur le parvis
des paroisses. Un seul trait sérieux s'y mani-
feste : l'invention satirique du peintre, inter-
prète avisé de l'ironie populaire, qui jette aux
griffes du Démon une extraordinaire abon-

dance de personnages tonsurés, ou coiffés de tiares, de mitres ou de couronnes princières, et des moines de toutes couleurs. L'Église italienne contemplait en souriant ces inoffensifs autodafés et laissait tracer de l'Antéchrist des images grotesques, bonnes à égayer les contes de nourrices. Peut-être même pensait-elle que les tortures picturales infligées à ses papes, à ses évêques, à ses prêcheurs, à ses mineurs, inspireraient aux consciences des laïcs timorés une salutaire angoisse. Le sentier du Paradis, si glissant pour le pied des clercs, ne semblerait-il point, aux humbles paroissiens, aux timides tierçaires engagés dans les choses du siècle, d'une plus vertigineuse ascension que l'échelle de Jacob?

Retenons donc comme vraisemblable que Dante fut, pour le jeune Sandro, comme un missel de poésie et qu'il demeura parmi les plus chers souvenirs de sa vie. La *Divine Comédie* lui valut une première sensation de *l'au-delà*, cette curiosité de l'invisible qui apparaîtra même en ses œuvres les moins chrétiennes. La prédilection de Botticelli pour

Dante nous permet de mieux saisir le foyer de sa vie intérieure et de découvrir en cet artiste, si amoureux de la grâce féminine, les racines profondes de l'étrange religion qui, dans les vingt dernières années de sa vie, déconcerta les hommes de son temps.

CHAPITRE II

LES PREMIERS OUVRAGES DE BOTTICELLI

I

J'aperçois, dans les ouvrages de Botticelli, trois aspects bien distincts, qui répondent à trois états d'âme fort différents entre eux : la sérénité et l'originalité tempérée des premières années ; la période médicéenne, la crise païenne de Sandro, vision voluptueuse qui ne put troubler l'idéalisme religieux du peintre en ses tableaux de sainteté entrepris à la même époque ; puis, à la fin, une inspiration véritablement romantique, comme une conversion à un christianisme sombre, l'adhésion à la secte de Savonarole, le renoncement au génie de la Renaissance.

Il serait téméraire de déterminer par des années précises ces trois phases que séparent des nuances de sentiment plutôt que des *manières* dans l'art de peindre et comme une sorte d'évolution régulière de l'esthétique propre à Botticelli. La méthode critique qui semble bonne pour Raphaël ne donnerait ici que des résultats incertains. On peut dater sûrement la plupart des œuvres du Sanzio : avec Botticelli, un catalogue rigoureusement historique est bien difficile à fixer. Quelques tableaux doivent aux événements extérieurs d'être classés d'une façon assez vraisemblable : un seul porte le témoignage de l'année où il fut achevé, et c'est le dernier, l'étonnante *Nativité du Sauveur*, que possède la Galerie nationale de Londres ; il est de l'an 1500.

Au principat de Laurent le Magnifique se rattache l'idéalisme païen de Botticelli. Mais, ici encore, il convient de se méfier d'une chronologie trop exacte. La séduction poétique de la cour et de la civilisation médicéennes agit sans doute sur l'imagination du jeune peintre dès 1469, quand il eut dit adieu à son maître

Filippo Lippi; elle se prolongea jusqu'à la mort de Laurent, en 1492. Cependant, au cours de cette période, il faut inscrire le séjour à Rome (1481-1482), qui dura une année à peine. Mais songez que c'était la Rome antichrétienne de Sixte IV, la *Bestia senza pace*, la Rome de la Louve, ennemie furieuse de Florence, la Louve maigre de l'Alighieri, « chargée de toutes les convoitises, et qui fait vivre tant de gens dans la tristesse. » Il en rapporta des impressions d'angoisse religieuse qui, de loin, acheminèrent le fidèle de Dante à la religion apocalyptique du Frère Jérôme. Il fut ainsi, jusqu'à son déclin, l'enfant *inquieto* dénoncé par l'honnête Vasari, nature ondoyante qui souvent se dérobe, figure énigmatique, attirante, pareille aux créatures de mystère qui glissent dans le clair-obscur de ses tableaux.

N'oublions pas enfin une singularité qui ajoute encore une ombre au charme de Botticelli. La critique des modernes se méfie, peut-être à l'excès, des lointaines traditions et pèse en de sévères balances les vieilles médailles. Elle a donc repris Vasari et signalé en sa chro-

nique plusieurs peintures qu'elle juge fausse-
ment attribuées à Sandro ; elle les restitue soit
à Pollajuolo, au Verrocchio, soit à quelque
élève de Sandro ou à tel artiste contemporain
de très modeste renommée, soit à l'*Alunno*,
symbole commode de toute l'école. Elle rend
à Botticelli la *Madone de l'Hôpital des Innocents*, à Florence, tableau que l'on signait du
nom de Frà Filippo. Dans la vie réelle, les
problèmes de paternité douteuse piquent la
curiosité du monde et peuvent avoir des effets
fâcheux pour la gloire des pères dépossédés
d'une légendaire dignité. Dans l'histoire de
l'art, ces accidents, que multiplie le scepti-
cisme des érudits, semblent parfois d'un rare
intérêt. Pour Botticelli, ils ont à la fois un
sens esthétique et comme une saveur morale.
Ils sont un témoignage oblique de son génie
et du prestige que sa mémoire imposait toujours aux contemporains de Vasari.

Arrêtons-nous maintenant en face des premiers tableaux de Sandro.

« Étant tout jeune, *giovanetto*, écrit Vasari,
il peignit, pour la Chambre des Marchands,

une *Fortezza* (allégorie de la Force), parmi les représentations des Vertus exécutées par Antoine et Pierre Pollajuolo. » Le *Saint-Sébastien* sur bois, que lui commanda Laurent de Médicis, passa plus tard à Sainte-Marie-Majeure de Florence et, selon l'Anonyme Gaddiano, date de 1473. L'artiste avait alors vingt-six ans. Si, à côté de ces deux ouvrages, on range la *Madone des Innocents*, la *Madone* de Santa-Maria-Nuova, la *Madone* du prince Chigi, la *Madone* de Naples, la *Madone au berceau de roses* (Offices), la *Madone* du Louvre et les deux *Judith* (Offices), on aura réuni, en une petite tribune, l'œuvre printanière de Botticelli. Et déjà apparaissent plusieurs traits de sa future originalité.

La *Fortezza* et la *Vierge au berceau de roses*, assises en une niche cintrée, ont une apparence sculpturale : très droites, la tête légèrement inclinée du côté gauche. Voici les premiers visages de femmes au front accentué, dont la plus grande largeur est à la hauteur des yeux et qui vont en s'amincissant jusqu'au menton. La *Fortezza*, largement drapée, coiffée d'un diadème d'or et de perles, montre une douceur austère. Elle porte des brassards de fer, un gorgerin d'acier ciselé. Le manteau rouge déroulé sur les genoux, brodé, aux bords, de lettres arabes, est d'un grand effet de couleur, dissimule en partie la longueur exagérée des jambes. Elle tient des deux mains, appuyé à son ventre, le bâton de commandement. C'est, pour une figure assise, le même geste armé qu'Andrea del Castagno avait prêté à son rude condottière Filippo Scolari.

Autour de la *Madone au berceau de roses*, dans le fond du tabernacle où elle repose sous le bleu pâle du ciel, s'épanouissent les premières fleurs de Botticelli. Tradition, je le veux du décor cher à Frà Filippo; révélation aimable aussi de cette tendresse pour les fleurs, passion toute florentine, toute virgilienne, dont le souvenir des prairies mystiques chantées par Dante berçait l'âme de Sandro :

> *... Manibus date lilia plenis,*
> *Purpureos spargam flores...*

II

Les premières *Madones* de Sandro, et les anges qui leur servent d'acolytes, montrent un effort de plus en plus heureux pour échapper à la hantise de l'imitation. Ne leur demandez point la suavité religieuse de Frà Angelico. Le moine de Fiesole fut un ascète souriant et un visionnaire *tutto serafico in ardore*. Il ne peignait qu'à genoux et les yeux en larmes les *Crucifixions*. Ce dominicain, plus pudibond que le vaillant carme Lippi, n'osa jamais peindre un visage de femme d'après le modèle vivant. Ses vierges sont de blondes et très douces petites nonnes; ses anges blonds et bien frisés, qui dansent aux jardins du bon Dieu, font penser aux enfants de chœur d'un archevêque à qui le maître de chapelle permet une récréation naïve, un après-midi d'Ascension ou de Pentecôte ; mais ils dansent dévotement, sur un rythmè liturgique et des airs de cantiques. Les anges de Benozzo Gozzoli, au palais Riccardi, agenouillés, les mains croisées sur la poitrine, les fronts inclinés, nimbés d'or, semblent de jeunes communiants, à la table sainte. Ils attendent la venue de l'hostie, tandis que, sous les voûtes de l'église, l'orgue soupire : *O salutaris!*

L'idéalisme de Botticelli fut moins éthéré. Mais vous n'apercevez point en lui le naturalisme bourgeois où se complut souvent Frà Filippo. La *Madone* de ce peintre, au palais Pitti, est une jeune fille plus encore qu'une jeune femme ; elle nous vient du *popolino* florentin ; elle nous regarde, vaguement songeuse, sans aucun excès d'adoration pour l'Enfant divin posé sur son giron et qui lève gravement son bras droit d'un geste de prédicateur. Je souhaite, pour la joie de l'aventureux cénobite, que cette vierge soit le portrait de Lucrezia Buti, la petite nonne, sa Lucrèce.

Les vierges de Sandro ont une maternité plus recueillie et plus attentive. Leurs yeux sont le plus souvent presque clos. La *Madone* de Naples se tient encore avec une raideur presque hiératique, malgré la souplesse et l'ampleur de ses draperies; son visage est légèrement maussade. Toute la vie du tableau est dans l'élan de tendresse enfantine du *Bambino*, soulevé par deux petits anges, simples garçonnets, échappés du *Mercato Vecchio*; Jésus, de ses petits bras, tâche de caresser sa mère. La *Madone Chigi* prend d'une main, sur le plat que présente un jeune garçon, quelques grappes de raison et un épi, symboles du sacrement de l'autel; de l'autre elle retient sur ses genoux le *Bambino*, lève le bras droit en un geste un peu prématuré de bénédiction eucharistique.

La *Vierge des Innocents*, assise en profil de droite, la *Vierge* du Louvre, assise en profil de gauche, par la couleur sombre de leur vêtement, ont déjà un aspect plus noble. La première a le regard incertain et rêveur de la *Madone* de Lippi; sa coiffure, qui cache la chevelure presque entière, est encore de mode populaire; la seconde, la paupière baissée, la tête recouverte d'un léger voile transparent, couronnée d'une auréole de lumière, presse pieusement sur sa poitrine, l'Enfant, un *Bambino* bouffi, souffreteux et dont la mine anxieuse rappelle le Jésus de la *Madone à la chaise*. L'étreinte de la *Madone des Innocents* est moins maternelle : aidée de l'ange dont la chevelure blonde est nattée, comme celle d'une petite fille, ne fait-elle pas sauter doucement son fils pour l'amuser ou l'endormir? La *Vierge* du Louvre est très grave en son manteau d'on bleu sombre, même mélancolique. Mais faut-il donc entrevoir, sur ce visage méditatif, les pressentiments tragiques de la Mère des Sept Douleurs, et, d'avance, songer au *Stabat Mater?*

L'*Archivio storico dell'Arte* signala en 1902, une *Madone* de Botticelli mise en vente à Rome, œuvre de première jeunesse encore. Rapprochée de la *Madone* toute pareille de Filippo Lippi, que possède la Galerie royale de Munich, cette *Vierge* de Sandro marque avec éclat l'heure à laquelle le disciple embrassa un idéal plus pur et se détacha de son maître. Marie, dans le tableau de Lippi, n'est qu'une jeune contadina florentine, la chevelure contenue par la coiffe quasi monacale des femmes du peuple : elle regarde au loin, indifférente ; l'Enfant lui tend gentiment les bras ; à droite, un haut rocher escarpé et, au fond, un paysage traversé par une rivière, un haut horizon qui encadre la tête de la jeune femme. La *Vierge* de Botticelli, presque blonde, la tête couverte d'un voile aérien, incline vers son fils un regard de pieuse tendresse ; l'Enfant se porte vers elle avec amour ; la ligne d'horizon s'est abaissée, et la tête de la jeune mère se détache en radieuse lumière. La tunique de la *Madone*, d'un rouge rayonnant — « un rouge de rubis » le vêtement du *Bambino*, d'un violet profond, annoncent la fête de couleurs ou Sandro mettra toute sa joie. Les mains délicates et fines de Marie et tous les petits détails de la peinture sont déjà, dit le critique de l'*Archivio*, des fleurs de grâce, *fiori di grazia*. Où ce tableau se cache-t-il aujourd'hui ? Il manque une pierre rare à notre écrin.

En ces peintures du jeune maître, les *Madones* ont une dignité royale : l'accent de familiarité est réservé au *Bambino* et aux menus personnages, les anges ou saint Jean-Baptiste, admis à l'honneur d'approcher l'Enfant. Celui-ci, égayé par la senteur des roses, joue avec une grenade que sa mère lui présente de sa main libre; il porte à sa bouche un grain détaché du fruit vermeil. L'ange de l'Hôpital des Innocents est orné de l'auréole traditionnelle. Les deux anges et le saint Jean, à l'Hôpital de Santa-Maria-Nuova ont déjà la chevelure disposée en diadème ou divisée au milieu de la tête et retombant sur le cou en soyeuses ondulations. Et, de plus en plus, les anges de Sandro, dépouillant leurs ailes blanches, les chastes robes flottantes dont ils étaient vêtus au temps de Frà Angelico et leur gravité d'icônes médiévales, nous séduisent par leur finesse patricienne, la richesse de leurs costumes et la douceur veloutée de leurs grands yeux. Ce sont les pages de Jésus-Christ.

III

Le *saint Sébastien à la colonne*, que possède aujourd'hui le musée de Berlin, suggère une observation utile à l'intelligence générale des ouvrages de Botticelli. C'est un garçon de vingt ans, grand, mince, élancé, les jambes fines, les bras un peu grêles liés au dos. Il se tient très droit, la tête pensive, sans souffrance apparente. Il ne cherche point à nous émouvoir par le spectacle de son martyre ; les flèches plantées en sa poitrine, à son cœur, à ses flancs, à sa cuisse, ne lui causent aucún ennui sensible. Corps délicat et robuste, dégagé de toute subtilité anatomique, il se présente avec une fermeté plastique des muscles et des chairs. Le modèle venait sans doute d'un atelier de sculpteur. Pollajuolo ou le Verrocchio l'aura prêté à son ami Sandro.

Ce qui frappe en cette figure, c'est la sveltesse de l'ensemble. Botticelli se rallie, — pour employer le mot en usage chez les statuaires anciens, — au *canon* adopté par Donatello. Son maître Lippi préférait les corps ramassés, les têtes rondes et lourdes, les mains fortes : Sandro allongera la taille humaine et les jambes de façon à obtenir dans la démarche un élan qui accentuera parfois la majesté de l'allure. J'ai déjà signalé ses visages effilés dont la plus grande ampleur contient la lumière du regard. Ses mains sont étroites et maigres.

Ce parti pris de gracilité n'était point une nouveauté. Bien au delà de Donatello, nous l'apercevons en Cimabue, chez certains peintres primitifs et mieux encore chez les sculpteurs de notre période gothique. Il répondait alors à la mysticité de nos aïeux. Le portrait de saint Louis, tracé d'après nature par le délicieux franciscain Frà Salimbene, ne semble-t-il pas se détacher d'un portail de cathédrale?

« *Erat autem Rex subtilis et gracilis, maci-
lentus convenienter et longus, habens vultum
angelicum et faciem gratiosam.* Le Roi était
délié, effilé, maigre et long; il avait la face
angélique et pleine de grâce. »

D'ailleurs, Sandro n'eut point à chercher,
en une lointaine tradition esthétique, la mesure
de ses personnages. Ce Florentin, élève d'un
maître naturaliste, put se contenter des types
que Florence lui montrait chaque jour. Aujourd'hui encore, ce *popolino* de Toscane,
artisans, apprentis du marbre, de la mosaïque,
jeunes paysans, jusqu'aux tireurs de sable
qui, jambes nues, fouillent, avec un grand
geste élégant, les eaux blondes de l'Arno,
garde les traits caractéristiques de ses vieux
ancêtres les Étrusques : le corps svelte et
souple, nerveux et leste, le cou bien dégagé,
un peu long, la face plus expressive et mobile
que plastiquement régulière. Un de ces mots
caressants à l'oreille et d'infinies nuances,
dont les Italiens ont le secret, exprime à ravir
la sensation d'art imprimée par la vue de
cette jeunesse florentine : *snellezza*, la légè-

reté agile due à la finesse des membres ; *snellezza*, la vivacité des traits, la gaieté du visage.

Considérez, en un petit tableau de Botticelli, ces deux très jeunes filles à la taille de roseau, qui cheminent à travers la plaine ; la première, Judith, tient, d'une main, une épée nue, de l'autre, une branche fleurie, et paraît échanger quelques paroles avec sa compagne, Abra, qui la suit de près avec une jolie mine effarée ; le fardeau qu'elle porte sur sa tête, à la façon d'une corbeille d'oranges, le chef sanglant d'Holopherne, à demi enclos en un sac, explique cet air agité. Judith laisse là-bas, sous la tente de sa victime, une scène d'horreur que Sandro a rendue en une toile jumelle, d'une manière un peu confuse, mais vraiment dramatique, l'émoi des « barons », dit un vieil écrivain, qui découvrent le cadavre nu, atrocement mutilé, de leur général, émoi que semble partager le cheval de guerre du capitaine assyrien qui, tout frissonnant, regarde au fond de la scène. L'héroïne ne s'inquiète ni des « barons » ni du général ; elle marche vers son village de Béthulia, balançant sa taille flexible, le front orné de joyaux, la conscience triomphante, parmi les herbes et les fleurs, au bon soleil du Dieu d'Israël (Offices).

IV

Voici que nous rencontrons, dans l'œuvre initiale de Botticelli, une date claire, 1474. Il fut alors mandé à Pise, au moi de mai, par l'Œuvre du Campo-Santo, afin de voir en quelle partie du glorieux cloître il pourrait peindre des fresques. Pour cette promenade aux bords de l'Arno, il toucha un florin. Il semble bien qu'il ait conclu avec les Pisans un engagement tout conditionnel. L'Œuvre, très prudente, exigea de Sandro qu'il fît ses preuves et décorât d'une *Assomption* la chapelle de l'*Incoronata*, à la cathédrale. Sur les registres de l'institution on trouve, jusqu'à la fin de septembre, mention des sommes d'argent et de blé données à Sandro, *dit Botticelli*.

Cette *Assunta*, enlevée par un chœur d'anges,
ne plut point à l'artiste; « il la laissa ina-
chevée », dit Vasari. Peut-être aussi fut-il
effrayé et découragé par l'entreprise de Benozzo
Gozzoli, qui, depuis six années, déroulait, au
long corridor du cloître, l'*opera terribilissima*
(Vasari), l'Ancien Testament, le Déluge et la
Tour de Babel, Abraham et Sodome, Moïse,
David et Salomon. Sandro avait-il espéré
illustrer, à Pise, cette *Divine Comédie* à laquelle reviendront les derniers rêves de sa
vie? De quel accent de terreur n'eût-il point
pénétré la mélancolie du Campo-Santo! Mais
Benozzo, seul en cette solitude, menaçait de tout
envahir, du tombeau de l'empereur Henri VII
au *Triomphe de la mort*. Botticelli reprit donc
son bâton de voyage et la route de Florence.

Je soupçonne cette *Assomption* et ses anges
d'être l'une des sources premières de la légende
aussi compliquée qu'étrange qui s'attacha
beaucoup plus tard à l'*Assomption* de Saint-
Pierre-Majeur de Florence, aujourd'hui à la
Galerie nationale de Londres, et si longtemps
attribuée à Sandro. Ce dernier ouvrage fut à

peu près contemporain du rapide séjour à Pise. Il n'est rien de tel, pour embrouiller l'histoire, que des analogies de faits rapprochés par l'étroit voisinage des années.

« Dans Saint-Pierre-Majeur, écrit Vasari, à la porte latérale, Botticelli fit un tableau pour Matteo Palmieri, avec une infinie multitude de figures, l'*Assomption de Notre-Dame* et les zones célestes où sont représentés les Patriarches, les Prophètes, les Docteurs, les Vierges et les Hiérarchies angéliques, le tout d'après le projet tracé par Matteo, qui était lettré et homme de mérite, et cette œuvre fut peinte avec *maestria* et le soin le plus délicat. On y voit Matteo agenouillé et aussi sa femme. Mais, en dépit de la beauté de l'ouvrage, qui devait vaincre l'envie, il y eut des malveillants et des détracteurs qui, ne pouvant blâmer autre chose, dirent que Matteo et Sandro avaient commis un grave péché d'hérésie, *dissero che e Matteo e Sandro gravemente vi avessero peccato in eresia.* Vérité ou erreur, ce n'est pas à moi d'en juger; il suffit que les figures de Sandro soient vraiment dignes d'éloges, pour le soin qu'il mit à représenter les cercles du ciel, à entremêler d'anges les personnages, pour ses excellents raccourcis, les attitudes variées et la perfection du dessin. »

Pour l'intelligence de cette aventure théologique, une des grandes singularités de l'histoire artistique de Florence, précisons l'information vague de l'historien, qui n'a rien compris au péché de Palmieri, à l'innocente complicité de Botticelli.

A quel moment éclata l'accusation d'hérésie intentée à Palmieri et à son compère Sandro? Vasari ne le dit point. En quelle année le scandale fut-il si impérieux que les autorités ecclésiastiques durent voiler, *pendant deux siècles*, le tableau maudit et interdire au culte l'autel de la chapelle Palmieri? nous l'ignorons. Mais nous connaissons par le copieux ouvrage du Père Richa, sur les églises de Florence, la « tempête » de fables qu'imaginèrent des écrivains italiens et que la fantaisie populaire perpétua au sujet de la malencontreuse *Assunta*. Les lettrés, en Italie et au delà des Alpes, à Florence, les bonnes âmes des petits dévots crurent fermement que Matteo avait été brûlé en personne, tout comme Savonarole, ou bien que son tombeau avait été ouvert et ses os dispersés ; les plus modérés affirmaient qu'un poème hérétique, origine de l'affaire, dont le manuscrit reposait sur le cœur du poète, fut brûlé par la main du bourreau. On n'observait point cette singulière contradiction : le tableau lui-même respecté, quoique voilé de deuil, par le clergé florentin. Quant à la tache d'hérésie, en cette traditionnelle glorification de la Vierge Marie, c'est entre les feuillets du mystérieux livre qu'on crut l'entrevoir. Le parchemin de Palmieri n'était-il point empoisonné par le souffle d'Origène, cet Origène qui, jusqu'à l'apparition de l'Arabe Averroès, demeura la terreur de l'Église ? Donnons-nous donc le plaisir de démêler le curieux imbroglio dont fut trop longtemps victime le pauvre Botticelli.

V

Matteo di Marco Palmieri était, au milieu du *Quattrocento*, un des citoyens notables de Florence, de vieille famille gibeline, jadis cliente des empereurs germaniques. Ces gibelins de Toscane, par habitude d'opposition à l'Église, avaient l'esprit très libre et la foi raisonneuse. De leurs rangs étaient sortis jadis ces Épicuriens florentins, ensevelis par Dante aux sépulcres enflammés des hérésiarques et qui se riaient des fournaises infernales. Matteo pratiqua les belles-lettres, la philosophie et la théologie. En 1439, il prit rang en ce concile de Florence qui tenta de réconcilier Byzance avec Rome. Il était donc qualifié pour toucher aux épines théologiques chères aux orthodoxes. Puis, on le rencontre à Naples, ambassadeur à la cour d'Alphonse d'Aragon. En 1467, il sollicitait à Rome pour la canonisation d'un bienheureux florentin. Dès lors, il occupa plusieurs des hautes magistratures de la Commune. En 1475, Florence le renvoyait à Rome pour obtenir de Sixte IV la rupture de la ligue formée par le Saint-Père, avec Venise et Milan, contre les Médicis. Il mourut dans son palais, au retour de cette stérile ambassade. L'Église lui fit de solennelles obsèques, embellies par une oraison funèbre, et l'enterra sous le pavé sacré d'une chapelle.

Diplomate, érudit, casuiste, initié aux mystères de la Lumière incréée, à la Procession du Saint-Esprit, au problème des azymes, le personnage était, par surcroît, poète florentin et gibelin ; son âme était hantée par les images de Virgile et de Dante. Aux environs de Naples, il se laissa émouvoir par l'antre de la Sibylle, le lac Averne, qui est le puits de l'Enfer, et les Champs Phlégréens où flottent les vapeurs qui montent des chaudières de

Satan. Alors, la vocation lui vint d'écrire un poème analogue au sixième chant de l'*Énéide* et aux trois *Cantiche* de la *Divine Comédie*.

Et, quand le chef-d'œuvre fut achevé, il en scella le manuscrit, qu'on ne devait ouvrir qu'après sa mort.

A Virgile, il avait emprunté les songes où apparaissent et parlent les revenants de l'autre monde; à Dante, la division de son poème en trois groupes de trente-trois chants, la promenade à travers les trois régions d'outre-tombe, les hurlements des damnés et l'implacable musique du Paradis, l'*Hosannah!* et le *Magnificat*, qui éternellement résonnent, au son des harpes, autour du Père, du Fils et de l'Esprit.

La *Città di vita* repose, en effet, sur une théologie ouvertement hérétique, la négation de l'Enfer éternel. A l'origine de l'Église, le dogme des tortures éternelles était fort incertain. Saint Augustin employa tout son génie à démontrer, par l'exemple de l'amiante, que les damnés endureraient un supplice sans fin. Mais Origène, deux siècles auparavant, avait exposé une doctrine plus consolante. Il pensait que les démons eux-mêmes payeraient leur peine et rentreraient en grâce près de Dieu. Ce docteur africain, d'imagination ardente, greffa, sur la théorie de la justification, un roman théologique où la nature, la psychologie, les hiérarchies et les destinées des anges étaient décrites avec une imperturbable autorité. Il affirmait que certains anges avaient péché avant la création du monde par des actes que nous ignorons, tandis que l'Église grecque, mieux informée, les accusait de relations coupables avec les filles des hommes. Ce péché des anges dut être, selon quelques origénistes, l'orgueil. Satan entraîna dans sa superbe révolte contre Dieu les anges doués d'une âme altière. Ce jour-là, saint Michel put rallier autour de lui les anges fidèles et les entraîner au champ de bataille. Tout un groupe d'esprits célestes, les timides, les neutres, se trouvèrent alors en grand désarroi et, par lâcheté, ne prirent ni le parti de Dieu, ni celui de l'Archange révolutionnaire. Ils furent précipités, en compagnie des mauvais anges, hors de l'Empyrée, tombèrent en des corps d'hommes, d'animaux, de poissons, d'incubes, ou de démons; certains d'entre eux furent préposés au mouvement des astres. Chacun de nous, mortels infortunés, contient un mauvais ange qui se débat sans cesse contre le bon ange gardien, explication décisive du conflit entre le vice et la vertu. Mais, à la fin des temps, après le Jugement dernier, et des migrations plus ou moins douloureuses d'étoile en étoile, toutes ces âmes, anges déchus, démons ou hommes, verront s'ouvrir devant elles les portes de la Jérusalem céleste. L'étrange doctrine reparut en ses traits essentiels, dans l'hérésie des cathares Albigeois, à partir du xie siècle. Le fantôme qui traduisit, pour Palmieri, d'une façon assez fidèle, la vision du grand Alexandrin, était un sien ami, Cipriano Oricellari, lequel, pour le quart d'heure, résidait dans le voisinage de la planète Mercure. Alors, sans hésiter, Matteo se confiait à la Sibylle de Cumes qui l'entraînait sous terre et déroulait à ses yeux le cauchemar théologique d'Origène.

VI

Contemplons maintenant le tableau excommunié. L'appareil en est imposant : trois grandes scènes aériennes, une scène sur la terre, autour du tombeau de la Vierge, où la mère de Jésus, l'*Assunta*, est remplacée par une floraison de roses. Tout en haut, dans l'or de la lumière paradisiaque, Marie, agenouillée, est accueillie par son Fils : les élus, tout petits, vrais *Bambini*, sont rangés, très sages, des deux côtés du Seigneur. Au-dessous se développe un demi-cercle assez confus de bienheureux ; enfin, plus près de notre monde, un long cortège d'âmes entraînées vers la béatitude sous la garde d'anges aux ailes déployées. Tout en bas, une douzaine de disciples admirent le miracle du tombeau fleuri : l'un d'eux, qui se penche sur le lit mortuaire de la

Vierge, est Matteo Palmieri, et sa femme, en face de lui, joue le rôle des saintes évangéliques au sépulcre du Christ. Ce groupe se détache sur un paysage large et simple : des collines, des eaux, des arbres.

Certes, le plus subtil inquisiteur aurait grand'peine à découvrir en cette toile la plus légère trace d'hérésie. La peinture n'a pas encore trouvé le secret de fixer, par des couleurs, les plus fuyantes visions de la métaphysique ou de la théologie. C'est un procès de tendance que le clergé florentin, troublé par l'émotion des petites confréries paroissiales et peut-être aussi par le souvenir de l'impiété albigeoise, fit à l'*Assomption* de Saint-Pierre-Majeur. Les anges que nous y voyons n'ont rien à nous confesser de leur nature hétérodoxe. Les cornes démoniaques ne pointent pas entre les boucles de leurs chevelures. Seuls, le renom fâcheux de Palmieri, compromis par Origène, et le portrait de l'imprudent poète près du sarcophage auguste, brouillèrent l'Eglise avec le peintre et sa peinture. Au temps où écrivait Vasari, dans la fureur de

casuistique qui fit perdre au Concile de Trente
de si belles années, on se rappela la dévotion
de Sandro au grand ennemi de la famille Borgia, l'hérésiarque Savonarole; on le gratifia
d'une paternité artistique dont sa gloire se passait à merveille, car le tableau n'est point un
chef-d'œuvre. Les plus récents critiques en font
honneur à Botticini, un élève du Verrocchio,
qui travaillait en 1470, de concert avec Botticelli. Ce Botticini peignit, pour la *Veste
Bianca* d'Empoli, une composition analogue
au tableau de Saint-Pierre-Majeur. Botticini,
Botticelli, cette singulière consonance des
noms dut achever l'éclosion de la légende,
dont le germe fut peut-être l'*Assomption*
esquissée jadis à Pise par Sandro. Mais on
oubliait encore qu'en ses illustrations du
Paradis, Botticelli avait décoré ses anges de
la beauté et de la pureté de vie spirituelle glo-
rifiées par Dante en des tercets rigoureusement conformes à la doctrine catholique de
saint Thomas d'Aquin. L'Alighieri ne pou-
vait-il exorciser en Sandro la diabolique con-
tagion de Matteo di Marco Palmieri?

CHAPITRE III

LES MÉDICIS ET L'INITIATION PAIENNE DE BOTTICELLI

Botticelli touchait à sa trentième année. L'élève de Frà Filippo, l'émule des Pollajuoli, d'Andrea del Verrocchio, de Ghirlandajo donnait déjà les plus belles espérances. Son esthétique personnelle, tels gestes de son pinceau, sa prédilection pour certains aspects de la figure humaine s'étaient montrés en ses premiers ouvrages. Mais enfin, il tenait encore à la vieille tradition de la peinture florentine. Depuis Giotto, l'art florentin semblait appartenir à la clientèle ecclésiastique. Les peintres étaient des artisans d'édification religieuse. Un christianisme simple et grave, l'action toute populaire des Tiers-Ordres franciscain et dominicain, l'ascétisme du grand archevêque saint Antonin, dans la première moitié du *Quattrocento*, peut-être aussi le vague souvenir de Dante, maintenaient les artistes sous le manteau de l'Église. La grande peinture historique et symbolique tardait à paraître en Toscane. Le *Triomphe de la Mort*, au Campo-Santo de Pise, demeurait une page isolée, oubliée même, dans la claire pénombre de son cloître funéraire, tandis qu'en face du lugubre *Memento mori* d'Orcagna, Gozzoli tirait laborieusement de quelques versets de l'Écriture la formidable exégèse de ses fresques. Ghirlandajo n'avait pas encore vivifié l'invention pittoresque par l'apparition de ses bourgeois, de ses prêtres, de ses moines florentins aux grandes fresques de Santa-Trinità et de Santa-Maria-Novella, par l'entrée de la vie florentine, familière ou gracieuse, dans la solennité des scènes évangéliques. Andrea Mantegna avait terminé en 1459 sa dramatique légende de saint Jacques à l'église des Eremitani de Padoue ; la même année, à Mantoue, il entreprenait la décoration du Palais Ducal, œuvre aujourd'hui en ruine, où éclataient en toute leur élégance la vie seigneuriale et la gaieté chevaleresque des Gonzague. Mais Padoue et Mantoue se dérobaient au delà de l'Apennin, comme en une région très lointaine, et Florence, penchée sur le missel séculaire qui, des mains de Giotto, était passé à Masaccio, à Frà Filippo Lippi, au Verrocchio, Florence peignait toujours de pures et pâles madones ou commentait amoureusement, par la couleur, saint Luc ou saint Mathieu.

Mais alors Botticelli ouvrit toutes grandes ses ailes et monta dans l'aube d'une lumière naissante.

II

C'était l'heure où Florence et l'Italie offraient au monde une fête inoubliable. L'antiquité, la Grèce et Rome étaient rendues à l'adoration des hommes. Une révolution profonde troublait et enchantait l'esprit humain. La philosophie et la poésie, la science et les arts, la vie de société, les mœurs, les costumes, tout l'ensemble de la civilisation était, en peu d'années, transformé, renouvelé. La pensée et la conscience, et bientôt la foi, éprouvaient, dans l'Occident latin, une secousse inouïe qui allait se prolonger au delà des Alpes, jusqu'au fond des provinces germaniques, au delà de la France, jusqu'à la cour des rois d'Angleterre. Il importe ici de montrer clairement, au point de vue particulier de l'art, le trait essentiel de cette grande rénovation. Car, en ce dernier tiers du xvᵉ siècle, si le plus ardent foyer de la Renaissance fut Florence, la Florence des Médicis, l'artiste qui vint à la Renaissance de toute son âme et de tout son génie fut ce fils de petit tanneur, Sandro Botticelli.

La Renaissance italienne ne fut point provoquée par une découverte brusque, inattendue, de l'antiquité, de l'hellénisme. L'Italie n'avait jamais, même aux plus mauvais siècles, perdu de vue la culture antique. Elle n'avait pas traversé les lourdes ténèbres qui, à la suite des invasions barbares, pesèrent sur la France et l'Allemagne latine. Elle était demeurée en communion intime avec la vieille Rome, la Rome de Virgile, enchanteur, baron féodal et docteur scolastique, la Rome impériale, reine du monde, la Rome du droit écrit, la Rome des dieux abolis, qui gardait toujours, en ses ruines grandioses, comme une inquiétante palpitation d'âme païenne. Elle croyait aux Sibylles, qui eurent la révélation du Messie, à la prophétie de l'églogue virgilienne annonçant l'approche du christianisme. Les grandes maisons monacales du mont Cassin, de Bobbio, de Novalesa, de Nonantola recueillaient les manuscrits et les déchiffraient. Au temps de Gerbert (xe siècle), la bibliothèque de Bobbio possédait un Lucrèce. Nous ne sommes guère plus riches aujourd'hui en littérature latine que n'était Pétrarque au xive siècle. Et, pour les Italiens, la Grèce antique ne semblait pas non plus ensevelie, comme partout ailleurs dans la chrétienté, en un demi-oubli. La Grèce touchait à l'Italie, visitée sans cesse par les armateurs de la péninsule, et sa langue chantait toujours en Sicile, en Calabre, dans les couvents basiliens, à Naples, le long de l'Adriatique, à Venise. Dès le temps de Pétrarque et de Boccace, les Italiens s'étaient mis à l'école des Byzantins, théologiens ou lettrés, venus de Constantinople ou de l'Athos. De Leonzio Pilato à Marsile Ficin, à Politien, par Chrysoloras, Philelphe et Gémisthe Pléthon, la tradition hellénique, de plus en plus platonicienne, s'était perpétuée dans la société cultivée de Florence, de Rome, de Venise.

Déjà, aux premiers jours du xive siècle, Dante vénérait, en la personne des poètes et des docteurs antiques, une humanité idéale, marquée par Dieu d'un signe d'élection, et il réservait à ces maîtres de pures doctrines, à ces artisans de hautes pensées, les beaux ombrages, les prairies étoilées de fleurs et le majestueux château de ses Champs Élysées. Puis, rencontrant son vieux maître, Brunetto Latini, sur le steppe brûlant des violents, après avoir salué « la chère et bonne image paternelle » du triste réprouvé, « Vous m'avez enseigné, lui dit-il, comment l'homme s'éternise ».

Come l'uom s'eterna,

Parole lapidaire qui permet de mesurer l'avance du génie italien sur les humanistes d'outre-mont, les lettrés du xvie siècle, tels qu'Érasme ou Rabelais. Ceux-ci, plus de deux cents ans plus tard, comprendront sans doute le bienfait proclamé par Dante. « Comment l'homme s'éternise », n'entendez pas seulement les œuvres immortelles du poète ou du philosophe, du politique ou de l'artiste, mais le don même de la vie rationnelle, par la discipline et les doctrines des plus grands interprètes de l'esprit humain, l'accès de notre intelligence aux régions sublimes de la pensée, l'ascension de la conscience vers ces idées éternelles, principes de toute vertu et de toute science, au sommet desquelles Platon avait vu planer l'ombre de Dieu.

III

Mais des cimes si hautes ne sont point accessibles aux artistes, peintres ou sculpteurs, aux poètes préoccupés des passions, des tristesses ou des plaisirs de la terre, aux cavaliers élégants, aux *cortigiani*, qui sont le décor aimable des maisons seigneuriales. Si la Renaissance n'avait donné au monde que l'élan magnifique de la liberté intellectuelle et la souveraine maîtrise de la raison, elle eût enfanté une élite humaine assez restreinte, pareille aux hôtes des Champs Élysées dantesques :

> *Genti v'eran con occhi tardi e gravi,*
> *Di grand' autorità ne' lor sembianti :*
> *Parlavan rado, con voci soavi.*

Imaginez une société de sages, plus propres à la contemplation qu'à l'action, dont le patron eût été Lucrèce, Marc-Aurèle ou Plotin.

L'antiquité eut d'autres secrets à murmurer, et que comprit l'Italie. C'est la vie terrestre en sa plénitude, la vie des grands et des humbles, des doctes et des simples, des jeunes gens et des femmes qu'elle transfigura. Elle rendit tout à coup à la chrétienté le plus intime génie des grandes races païennes, le culte de la beauté et l'amour de la joie.

Le Moyen Age n'avait honoré, dans la beauté visible des êtres et des choses, que le rayonnement lointain de la beauté divine. Il avait accepté la joie savourée par l'âme très chaste et très douce que console la grâce de Dieu. Il avait goûté, dans l'ascétisme, l'infaillible beauté spirituelle et la joie angélique. Son plus beau poème est peut-être l'*Imitation* : pour lui, la vie idéale fut l'extase du moine en sa cellule, le désert du cloître, c'est-à-dire le renoncement à la vie même : *Beata solitudo, sola beatitudo!*

Le paganisme, qui ignora les routes du

ciel, avait embrassé les choses de la terre d'une ardeur d'adoration. Il s'était éperdument livré aux caresses de la nature, aux charmes de la volupté. Pour lui, aucun arbre ne portait de fruit défendu. Il avait aimé les formes pures des corps florissants de jeunesse; la grâce de l'éphèbe, de la nymphe, de l'hétaïre, la beauté visible de l'athlète. Il croyait à l'excellence de la vie présente; il la savait brève, incertaine, ironique et s'y attachait avec une tendresse infinie. Ses dieux demeuraient tout près de lui, familiers, capricieux, toujours beaux. Il entendait leur voix dans les soupirs de la brise, le bruissement de la mer, la plainte murmurante des sources. Jamais il ne soupçonna qu'il y eût entre la vie des sens et celle de l'esprit l'ombre même d'une contradiction, ou qu'il fût bon, pour ennoblir la pensée, d'affliger la chair et de glorifier la tristesse. Son plus beau poème, son plus riant symbole est peut-être le *Banquet* de Platon : une compagnie de méditatifs, de poètes, de jeunes hommes amis de la volupté, laissant à demi pleines leurs coupes parfumées de miel, pour écouter des discours tantôt joyeux, tantôt illuminés de visions mystiques, alors que, dans le vestibule, les jeunes filles d'Ionie, couronnées de violettes, font chanter les flûtes et frémir les tambourins.

Le Moyen Age avait respiré la virginale rose blanche, baignée de froide rosée, *Rosa mystica*. L'Italie de la Renaissance voulut épuiser, jusqu'à l'enivrement, l'âpre senteur des rouges roses païennes, la pluie des fleurs vermeilles, des fleurs d'or ou d'azur que Botticelli versa sur le corps à demi nu de sa *Primavera*.

IV

C'est dans la maison des Médicis, à partir
de Cosme l'Ancien, fondateur de l'Académie
platonicienne, et surtout dès le principat de
Laurent et de Julien, que nous apercevons le
point vital de la Renaissance. Ici apparaît une
civilisation complète, issue de l'hellénisme,
c'est-à-dire de Platon. Remplacer Aristote par
Platon, le raisonnement scolastique par l'enthousiasme, c'était modifier profondément la
pensée humaine, exalter le sens de la beauté,
arracher l'esprit aux abstractions stériles,
l'entraîner vers la perfection vivante, vers la
nature, vers la lumière. Le platonisme des
Florentins ne fut point seulement une curiosité
d'érudits, une doctrine de dilettanti, mais une

parole de vie, presque une religion. Tout Florentin lettré est platonicien, les clercs, les chanoines, les astronomes, les artistes savants, comme Leo-Battista Alberti; les diplomates, les grands patriciens, tels que les Pazzi, les Soderini, les Albizzi, les Guicciardini, les Valori, les hôtes familiers de Florence, tels que le jeune Pic de la Mirandole, ce jeune homme presque divin, dira Machiavel. Le vieux Cosme, expirant, se fait relire une page de Platon et meurt en prononçant des paroles de Xénocrate, disciple de Platon.

On se tromperait étrangement si l'on dénonçait en cet état des esprits une velléité de rupture avec le christianisme. Ces charmants platoniciens n'avaient aucune inquiétude à l'égard de leur foi. Plus tard seulement, quand Savonarole, véritable précurseur de Luther, fut le maître de Florence, la Renaissance sembla aux chrétiens rigides inconciliable avec l'Evangile. Or, cette crise elle-même fut à Florence, assez courte. Vers 1480, les Florentins croyaient sincèrement à l'apostolat messianique de Platon. Pour eux, le sage d'Athènes portait à son front les flammes de Moïse. Ils le voyaient, prophète et missionnaire de Jésus, debout sous la blanche colonnade de Sunium. Raphaël, dans la *Chambre de la Signature*, devait rendre à l'Italie une vision toute pareille. Marsile Ficin, qui est chanoine de Fiesole, prêche le *Timée* à Florence, dans l'église des *Angeli*, aussi gravement qu'il ferait le Sermon sur la Montagne ou la Passion. « Au milieu de cette église, nous voulons exposer la philosophie religieuse de notre Platon. Nous voulons contempler la vérité divine dans ce séjour des anges. Entrons-y, très chers frères, avec une âme très candide. »

Si le platonisme n'est point une hérésie, le paganisme n'est pas davantage la contradiction sacrilège du christianisme. Ainsi les Italiens se rassurent du côté du jugement dernier. Les Florentins de la grande époque médicéenne ne redoutent plus, dans les séductions de la nature, le mystère satanique qui faisait trembler, sur la pierre de leur cellule, les moines du vieux temps. Ils vont au plaisir, à la joie, d'une fougue d'adolescence. Toutes les formes de beauté les enchantent. L'amour leur paraît une vertu cardinale. Parmi toutes les images de l'amour que jadis leur avait montrées Boccace, l'amour sensuel, téméraire ou moqueur, l'amour des cœurs humbles, douloureusement caressant et tendre, l'amour tragique, empourpré de sang, c'est à la volupté élégante et souriante qu'ils donnent leur cœur. Ici encore ils retrouvaient le *Banquet* de Platon.

« Je dis que, de tous les dieux, le plus heureux c'est l'Amour, puisqu'il est le plus beau et le meilleur. Et voici pourquoi il est le plus beau : c'est que d'abord il est le plus jeune, n'aimant à vivre qu'avec les jeunes... Sa chair est d'une beauté suave, puisqu'il vit sans cesse au milieu des fleurs : car l'Amour ne séjourne ni dans un corps, ni dans une âme, ni dans aucun lieu où rien ne fleurit, où tout est flétri ; mais s'il rencontre un lieu rempli de fleurs et de parfums, il s'y arrête et s'y repose. »

V

Dès lors, à Florence, on aime, on rit, on chante. Deux amants princiers, Laurent et Julien de Médicis, président au chœur des amoureux; deux poètes, Laurent le Magnifique et Politien, en sa vingtième année, honorent les charmes des amoureuses illustres. Politien met en rimes la beauté de Simonetta, *la bella Simonetta*, femme de Marco Vespucci, aimée de Julien. Julien venait de triompher dans la joute du 28 janvier 1475, tournoi chevaleresque qui, en face de l'austère église de Santa-Croce, au son des tambours et des fifres, parmi les étendards de soie, les belles dames et les pages, célébrait la Ligue éphémère de Florence, de Sixte IV, de Milan, de Venise.

Cette *Giostra*, que le poète n'achèvera point, est une mythologie bien artificielle et froide, faite de réminiscences classiques, colorée et décorative comme une fresque de galerie seigneuriale, où l'on voit un palais de pierres fines, d'or fin et de saphir oriental, et Cupidon racontant à Vénus comment il vient de réduire Julien à l'esclavage. Pour nous, les plus rares perles de l'ouvrage sont quelques tableaux dont les figures et les couleurs ne quitteront plus l'imagination de Botticelli, Vénus et Mars reposant sur un lit ombragé par un nuage de roses, l'apparition de Simonetta :

> *Candida è ella, e candida la vesta,*
> *Ma pur di rose e fior dipinta e d'erba;*
> *Lo inanellato crin dell'aurea testa*
> *Scende in la fronte umilmente superba,*
> *Ridegli attorno tutta la foresta,*
> *E quanto può sue cure disacerba.*
> *Nell'atto regalmente è mansueta;*
> *E pur col ciglio le tempeste acqueta.*

Blanche elle est et blanche sa robe — Et peinte aussi de roses, de fleurs et d'herbes; — Les boucles de sa tête blonde comme l'or — Descendent sur le front humblement superbe. — Autour d'elle sourit la forêt — Et calme autant qu'elle peut ses soucis, — Son allure est royale et douce; — Et pourtant du regard elle apaise les tempêtes.

N'est-ce point l'esquisse de la *Primavera* future de Sandro? Et déjà n'entrevoyons-nous pas, en une autre *Stance* de Politien, un vague dessin de la *Naissance de Vénus?*

> *Giurar potresti che dell'onde uscisse*
> *La dea premendo con la destra il crino.*
> *Con l'altra il dolce pomo ricoprisse;*
> *E stampata dal piè sacro e divino.*
> *D'erba e di fior la rena si vestisse.*

Tu jurerais que de l'onde est sortie — La déesse pressant de sa droite sa chevelure — Et, de l'autre main, couvrant la pomme si douce de sa poitrine — Le sable, frappé de son pied sacré et divin, — S'est revêtu d'herbes et de fleurs.

La femme et la fleur, double apothéose des plus exquis ouvrages de la nature, Politien revient sans cesse à la même image. Il écrit la *Ballata* des roses : la jeune fille, errant au soleil de mai, emplit son tablier de fleurs bleues, blanches, de fleurs d'or, pour orner sa chevelure blonde. Alors elle découvre les roses diversemement écloses :

« Cueillez la rose, *fanciulla*, quand elle est bien ouverte, cueillez-la pour la tresser en guirlandes avant que sa beauté ne s'évanouisse, *la bella rosa del giardino*. »

La lyre de Laurent a des cordes plus nombreuses et plus sonores que celle de Politien. C'est que Laurent est amoureux, et son amour pour Lucrezia Donati, qu'il aima dès l'adolescence, longtemps chanté en sonnets délicats, a pris tout à coup, sur la tombe même de la belle Simonetta, maîtresse de Julien, une teinte de mélancolie et de vénération religieuse. Il voit sa dame, non comme autrefois Dante avait vu Béatrice, foulant les prairies éthérées du Paradis, mais comme Pétrarque avait encadré Laura des bosquets d'Avignon, des forêts de Vaucluse; il replace Lucrezia dans le décor familier de la campagne florentine, parmi les eaux vives et les herbes hautes. Ses cheveux se déroulent sur sa robe blanche, luisent, tels que les rais du soleil sur une cime neigeuse. Des larmes brillent à ses joues, telles qu'un ruisseau limpide parmi les fleurs pourpres et blanches des prairies.

Mais le Magnifique aura des accents plus profonds, d'une sensualité brûlante. Il chantera les amours de Vénus et de Mars. « Mars, si l'heure te semble encore obscure, viens à moi, ta douce amie, viens, je t'attends. Vulcain n'est point là pour troubler nos amours. Viens, me voici nue au milieu de mon lit.

Vien, ch' io t'invito nuda in mezzo il letto.

Ne tarde pas, car le temps passe et s'envole : j'ai couvert mon sein de fleurs vermeilles,

Coperto m' ho di fior vermigli il petto.

Viens, Mars, viens vite, viens je suis seule! Qu'on éteigne les lumières! »

VI

Ainsi, en ces années heureuses, si vite écoulées, par la philosophie antique et l'éternelle poésie d'amour, le paganisme envahissait Florence, imposait à la pensée, aux mœurs florentines une figure originale. Et le contraste littéraire du vieux Moyen Age et de la Renaissance achève de nous édifier sur la civilisation des Médicis.

Les souvenirs chevaleresques des ancêtres, raidis en leurs armures, Charlemagne, Roland, Olivier, Turpin, les souvenirs populaires des *Reali di Francia* ne sont point morts, sans doute; ils reparaissent même, rajeunis et défigurés dans l'ironique chanson de geste du chanoine Pulci, le *Morgante Maggiore*. Parodie étrange des grandes épopées médiévales, toute en bouffonnerie, en sorcelleries grotesques, dont le héros, Morgante, géant fabuleux, amusante ébauche de Gargantua, armé d'un battant de cloche, décroché en un couvent, entreprend d'extravagantes aventures, tandis que son compère le nain Margutte, la conscience chargée de « septante-sept péchés mortels », glouton, athée, parjure, détrousseur de grands chemins, d'églises, de poulaillers, s'il rencontre cinq femmes de compagnie, en met six à mal,

> *S' elle son cinque, io ne corrompo sei.*

Moyen Age de carnaval qui ne laissait guère pressentir la merveille toute prochaine de l'*Orlando furioso* et que pénètre encore parfois une lueur de tendresse mystique, un dernier rayon de piété. Mais on sent bien que ces fantômes, évoqués du fond des traditions séculaires, viennent d'une humanité éteinte; qu'à cette heure même, la cour de Charlemagne, la cour du roi Artus reculent dans le brouillard des légendes; que, pour les beaux esprits de Florence, la perspective historique est comme retournée et que maintenant l'Olympe d'Homère et les deux cimes du Parnasse leur paraissent moins lointaines que le dôme de Pistoja ou la Tour de Pise.

Ce paganisme, fidèle aux symboles poétiques de l'hellénisme, dut charmer l'imagination des peintres par l'appareil coloré des représentations visibles. Non content d'amuser, dans les hautes salles des palais florentins, les loisirs des cavaliers, des lettrés, des prélats et des femmes, il descendait dans la rue et, le long des altières maisons guelfes, à travers les places où passaient jadis les processions liturgiques, l'allégorie païenne, spirituelle, pittoresque, se déroulait en *Triomphes*. Là, parmi les masques à pied ou à cheval, sur des chars aux formes imprévues, les Parques, les Vertus, les Saisons, les Ages de la Vie, même la Mort entourée de cercueils, en mémoire d'Orcagna, et des diables et des ermites, des mendiants, des spadassins, des charlatans, des astrologues menaient une sarabande bigarrée. Mais les plus beaux tableaux étaient encore empruntés aux souvenirs homériques. C'étaient Pâris et Hélène, Ariadne et Bacchus, Vénus et Mars, Andromède et Persée, les misères conjugales de Vulcain ou d'Amphitryon. *Canti carnacialeschi*, chants et folies des patriciens et du menu peuple, saturnales pour lesquelles rimèrent Laurent et Machiavel, heure enfantine et grandiose où Florence ne songeait plus ni au Pape perfide, au pape Rovère, traître à toutes les cités d'Italie, ni à l'étranger, ni à la France, ni aux passages ouverts des Alpes, ni aux Sforza qui tendent la main à la fois au roi et à l'empereur, ni à ce rocher de Sisyphe qu'elle roule en vain depuis si longtemps, la guerre de Pise, ni aux tyrannicides qui marchent dans l'ombre de tous les princes d'Italie. Seul, le plus grand de tous ces païens, le Magnifique, sait ajouter à cette musique trop joyeuse la note de mélancolie chère au paganisme, l'angoisse du plaisir éphémère, de la jeunesse et de la beauté fugitive, l'élégante tristesse des voluptueux antiques, pour qui la vie présente était douce, et qui n'attendaient plus rien au delà du tombeau :

> *Quanto è bella giovinezza,*
> *Che si fugge tuttavia!*
> *Chi vuol esser lieto, sia :*
> *Di doman non c' è certezza.*

VII

Botticelli fut adopté avec allégresse par cette société médicéenne qui fit de la vie une œuvre d'art. Les progrès de son talent semblent dès lors aussi divers que rapides. Il renouvelle, par d'ingénieuses inventions, la vieille peinture liturgique. Sa *Madone aux nuages* (Offices) trône sur un fond de nuées lumineuses, simplement vêtue d'une robe sombre; elle ne cherche point à nous émouvoir par sa majesté : c'est une mère très aimante et rien de plus. En un petit tableau d'autel, au Louvre (n° 222), attribué à l'école de Frà Filippo, où la critique récente voit une œuvre de Sandro jeune, la Vierge présente une grenade à l'enfant assis sur ses genoux. Cinq anges, deux à gauche, trois à droite du groupe central, ont déjà une taille d'adolescent. Les anges de Botticelli grandissent à vue d'œil, pour leur plus grande beauté. L'un de ceux-ci, en robe rouge, presse contre sa poitrine un bouquet de roses : un autre, en costume rouge brique, abaisse pieusement les yeux; un autre porte une branche de lis. Du fond de la tenture sombre se détache toute une gamme harmonieuse de couleurs claires, éparses sur les draperies, le lilas, le bleu gris, le rose, les fins reflets dorés qui se jouent dans l'incarnat des figures. Sandro tient déjà le secret de son coloris riant, imprégné de soleil. La *Madone* de la galerie Corsini, à Florence, que l'on crut longtemps de Filippino Lippi, recouvre en partie d'un manteau vert olive sa robe d'éclatant carmin; le *Bambino* est très légèrement vêtu d'une petite robe mauve; comme la *Madone au buisson de roses*, elle est assise sous un portail à colonnes; au fond, un vague paysage de collines. Et, dans le visage de la jeune mère, on entrevoit l'idéal de beauté féminine qui sera de plus en plus la marque personnelle de Botticelli.

Un tableau, que les restaurations ont bien gâté, la *Vierge avec l'Enfant entre quatre saints*, et que l'on a cru d'Andrea del Castagno (Florence, Académie), est aujourd'hui restitué à Sandro. Il fut peint pour l'église de Sant-Ambrogio. A gauche de la Madone se tiennent saint François, la tête légèrement inclinée, la main droite sur son cœur, et sainte Catherine d'Alexandrie, appuyée à la roue de son martyre. A droite, le Baptiste et sainte Madeleine portant le vase aux parfums. La tête, le fin profil, le front bombé, la bouche serrée de Madeleine rapellent la *Madone des Innocents*. Son manteau lilas entr'ouvert laisse voir les longs plis de sa robe blanche. Le visage de sainte Catherine reproduit le type de la *Fortezza*. Ce tableau a sans doute souffert d'un incendie et le pinceau indiscret des restaurateurs a mis à la torture les critiques d'art. On y voulut découvrir tantôt la main de Frà Filippo, tantôt des figures analogues aux types de Filippino Lippi, ou même du Pérugin.

L'ouvrage fut retouché, peut-être au début du XVIe siècle, par un artiste de l'école ombro-florentine. Mais les attitudes, les gestes, le tour des draperies, le cou de la Vierge qui surgit de la large et simple ouverture de la robe témoignent en faveur de Botticelli.

Aux pieds de la Madone sont agenouillés, les mains jointes, à droite, saint Damien, à gauche, saint Cosme, patrons de la famille Médicis. Ces deux bienheureux étaient frères comme Julien et Laurent. Peut-être, à l'origine, furent-ils les portraits — désormais méconnaissables — des deux seigneurs de Florence. Au moins nous permettent-ils de fixer, avec une grande vraisemblance, le moment où Botticelli entra dans la clientèle artistique des Médicis.

La *Giostra* de 1475 décida Sandro à reprendre la peinture mythologique ou allégorique, dont sa *Fortezza* avait été le premier ouvrage. Les vingt-deux *giostranti* de ce tournoi étaient précédés chacun d'un cavalier portant un étendard de taffetas d'Orient orné d'une figure symbolique de grandeur nature. On veut reconnaître dans la *Pallas* décrite bien vaguement par Vasari, l'œuvre de Botticelli, faite, dit l'historien, « pour Laurent l'Ancien ». La déesse tenait, d'après les contemporains, une tête de Gorgone et, près d'elle, était un attribut bizarre, *bronconi che buttavano fuoco*, des branches, ou un emblème de bois jetant des flammes. On a tenté d'identifier cette *Pallas* avec une tapisserie du comte de Baudreuil. Mais les détails des deux scènes sont trop contradictoires. Reste la *Pallas* du Palais Pitti. Ici, des fameux *bronconi* aucune trace. Pallas debout, couronnée de feuillage, les bras et la poitrine serrés en une sorte d'armure, les jambes transparentes sous une draperie flottante, un manteau sombre déroulé sur son dos jusqu'aux talons et replié autour de la taille, serre dans sa main gauche une hallebarde, et de la droite, posée sur la tête d'un centaure, oblige le monstre à plier et à se dérober contre les piliers massifs d'un monument. Au fond, un lac clair enclos entre des collines verdoyantes. L'*Archivio storico dell'*

Arte conclut à la composition de deux *Pallas*. Mais celle du Pitti dut suivre de quelques années la *Pallas* de la *Giostra*, après que Laurent eût paru le pacificateur de l'Italie.

VIII

Une tragédie interrompit tout à coup la
fête florentine. Machiavel l'a contée avec son
émouvante indifférence d'historien pour qui
la perversité humaine n'est qu'un simple
phénomène de la nature. Le prodige fut que
la conspiration des Pazzi put être ourdie et
réussir en partie, sans que les Médicis eussent
pressenti l'œuvre scélérate. La moitié de l'Italie était du complot, le pape Sixte IV, le roi
Ferdinand de Naples, les Rovère et les Riarii,
l'archevêque de Pise Salviati, et les banquiers
florentins jaloux de leurs confrères Médicis,
qui réservaient à leurs amis les grandes magistratures de la république. Laurent et Julien,
seigneurs, ou, plutôt, protecteurs bourgeois

de la bourgeoise Florence et qui ne comptaient point de rudes condottières parmi leurs aïeux, bienveillants et légers, oubliaient trop la chronique sanglante du xve siècle italien, le duc de Milan, Jean-Marie Visconti, assassiné en 1412, les Chiavelli de Fabriano, assassinés en 1445, Galeas-Marie Sforza, assassiné en 1476. Ces princes avaient été frappés à l'église, au pied de l'autel. C'était la pratique des Italiens, qui jugeaient trop dangereux de tuer leur maître en son propre palais. Le meurtre se réglait, d'ailleurs, liturgiquement, comme un cérémonial ecclésiastique : le spadassin frappait, par exemple, au moment précis où l'officiant chantait : *Et incarnatus est de Spiritu Sancto.*

La conjuration fut laborieuse et longue. Le vieux Jacopo, chef de la famille Pazzi, banquier prudent, résistait à l'impatience de ses sept ou huit neveux. Un condottière du Saint-Père, Gian Batista Montesecco, servit d'espion près de Laurent, d'organisateur militaire à Florence et sur les frontières florentines, surtout d'agent secret près de Sixte IV,

« qui fit les plus grandes offres pour le succès de l'entreprise ». On finit, grâce au bon vouloir du Pape, par décider Jacopo Pazzi, puis les Salviati, l'archevêque, son frère, et un sien cousin, puis « un jeune lettré, ambitieux, avide de nouveautés », Poggio, quelques jeunes gens pleins de feu, « *giovani arditi* », enfin, un prêtre, Stefano, qui enseignait le latin à la jeune fille de Jacopo. Un seul Pazzi, « homme grave », Renato, refusa d'entrer dans le complot, s'efforça de le rompre. Mais il est bien étrange qu'il ne l'ait point dénoncé.

Or, en ce temps-là, Sixte IV faisait élever, à l'Université de Pise, son petit-neveu, Rafaello Riario, un enfant de dix-sept ans. Il s'empressa de le coiffer du chapeau rouge et de l'établir à Florence. C'était, selon Machiavel, permettre aux conjurés de se réunir sans péril en une villa cardinalice, protégée par l'écusson pontifical, le chêne champêtre des Rovère. Un premier projet échoua. Julien refusa d'assister avec son frère au déjeuner offert par le cardinal. L'affaire fut donc remise au lendemain, 26 avril 1478. On savait que les Médicis

avaient coutume d'entendre la messe à la cathédrale de Santa-Maria-del-Fiore, il fallait se
hâter. « Trop de gens étaient dans le secret. »
Fiévreusement on se partagea les rôles. Mais
le condottière du Pape eut un scrupule inattendu : il refusa de frapper dans une église ce
Laurent « dont la familiarité lui avait attendri
l'esprit », et « de mêler le sacrilège à la trahison ». On remit donc Laurent « aux bons soins »
d'Antonio da Volterra et du prêtre Stefano,
« deux hommes très peu propres à un tel attentat ». Un chroniqueur contemporain diffère ici
de Machiavel. « On engagea, écrit-il, deux
prêtres *qui avaient l'habitude des lieux sacrés* et
n'avaient pas peur d'ensanglanter une église. »

Déjà Laurent se trouvait à la cathédrale,
Julien tardait à paraître. Francesco de Pazzi
et Bernado Bandini coururent au palais et le
prièrent de se rendre à la messe. Francesco
caressait et embrassait sa victime, tâtant les
vêtements, « afin d'y surprendre une cuirasse ».
Julien suivit les meurtriers. Quelques instants
plus tard, il était poignardé par Bandini et
Francesco, et, déjà mort, criblé de blessures

par les mains furieuses des Pazzi, Laurent, légèrement touché à la gorge par Bandini, se défendit, fit un bouclier de son manteau et, entouré de ses amis, de Politien, se jeta dans la sacristie, où un jeune homme suça la blessure, qui pouvait être empoisonnée. Dans la cathédrale outragée, sur les degrés du parvis, sur la place, dans les rues, les conjurés fuyaient, poursuivis, massacrés sans pitié, par les médicéens et la populace. Et, près de l'autel, dans le chœur ténébreux, le clergé de Sainte-Marie-de-la-Fleur entourait, pour le sauver, le cardinal adolescent, neveu du pape Rovère, tout pâle en son rouge appareil pontifical. « Il demeura pâle jusqu'à son dernier jour, » écrit un contemporain.

Les heures qui suivirent le crime furent effroyables. Le tocsin des vieilles guerres civiles vola de campanile en campanile. Les Salviati et leurs partisans, qui s'étaient imprudemment rendus à la Seigneurie, afin d'y usurper le pouvoir, se firent saisir comme en un piège par le gonfalonier. On les précipita du haut en bas du Palais-Vieux. L'archevêque de Pise, revêtu de ses habits pontificaux, était pendu à une fenêtre de la citadelle communale. Le vieux Jacopo, à cheval, essayait de soulever le peuple au cri de « Liberté! » Ce cri n'avait plus d'écho à Florence. Jacopo put s'élancer hors de la ville. Francesco de Pazzi, blessé, tout sanglant, était arraché de son lit et pendu nu près de l'archevêque. Jacopo fut rejoint aux pieds des Alpes, excommunié, pendu, deux fois enlevé de sa tombe, puis traîné à travers la ville par la corde de son supplice, enfin jeté à l'Arno. Renato, bien qu'innocent, monta sur l'échafaud. Montesecco fut décapité. Bernardo Bandini ne fut pendu qu'en effigie. Il avait pu s'échapper et atteindre Constantinople. Mais le sultan Mohamed II le livra chargé de chaînes aux Médicis. Il fut pendu, à Florence, en compagnie de sa femme, le 29 décembre 1479.

Alors le pape Sixte mit l'interdit sur Florence, en ferma les églises, et, de concert avec le roi de Naples, Ferdinand d'Aragon, déclara la guerre à Laurent le Magnifique, retranché de la communion chrétienne par le Pasteur universel.

IX

Botticelli vit se dérouler, au clair soleil d'un avril florentin, les scènes du drame. Sans doute, il assistait à cette messe impie. La Seigneurie le chargea de représenter, sur la façade du Bargello, les chefs de la conspiration, la corde au cou. Il reçut pour cet ouvrage, le 21 juin 1478, quarante florins. Vasari attribue à tort ces peintures à Andrea del Castagno, alors octogénaire. Laurent composa lui-même les lugubres épitaphes que l'on inscrivit sous les pieds de chacun des suppliciés. Voici le couplet qui échut à Bandini :

Son Bernardo Bandini, un nuovo Giuda,
Traditor micidale in chiesa io fui,
Ribello per aspettare morte più cruda.

Antonio Pollajuolo grava la médaille commémorative de l'attentat. Sur la troupe des conspirateurs nus, acharnés contre le corps de Julien, se lisent ces simples mots :

Luctus publicus.

La crise avait été terrible. Elle fut brève. A la coalition du Pape et du Roi, Laurent répondit par une résolution de grand politique. Quand il vit la Toscane envahie par l'Église, il s'embarqua pour Naples, sut, par ses caresses, détacher Ferdinand de Sixte IV et attirer à son alliance un prince qui se souciait fort peu du Saint-Siège et de ses foudres. Le Pape, isolé, menacé d'une coalition italienne, leva l'interdit et rendit Dieu aux Florentins.

Puis, Sandro reprit ses pinceaux pour des images moins funèbres que la décoration macabre du Bargello. Il s'abandonna dès lors aux enchantements de la Renaissance florentine. Mais cette âme délicate et, si j'ose dire, féminine, ressentit, au jour des Pazzi, une secousse violente. Il aperçut, dans les destins des hommes qu'il admirait et aimait, dans la mort de ce jeune Julien, idole de Florence, la fragilité des choses et la vanité de la joie. Il reçut au cœur une blessure qui ne se ferma jamais.

Quand un peintre est *persona grata* près de hauts seigneurs, il fait les portraits des maîtres, de leur famille et de leurs amis. Par le portrait des gens du monde, la peinture florentine s'affranchissait des traditions ecclésiastiques de ses deux premiers siècles. Botticelli commença par la figure de Julien, dont nous avons deux exemplaires, l'un originaire du palais Strozzi, à la Galerie de Berlin, l'autre, qui provient de la collection Morelli, à l'Académie Carrara, de Bergame. Le premier semble une réplique de celui-ci, mais de la main même de l'artiste. Le Julien Strozzi se détache sur un fond d'azur; le Julien Morelli se tient en plein air devant une fenêtre ouverte. Le profil, vu de droite, est presque complet : on aperçoit seulement la demi-paupière et le demi-sourcil de gauche. Le jeune homme, tête nue, les yeux clos, le menton proéminent,

la chevelure noire, épaisse, massée comme
une coiffe autour de la tête, porte un pourpoint de velours rouge sombre. Le plein air
donne au portrait de Bergame un relief plastique plus intense. Les deux figures, pâles,
graves, inertes, sont dépourvues des traits de
vie signalés par Politien, *nigris oculis, acri
visu*. On sent que l'esquisse de ces tableaux
fut un dessin hâtif au chevet de Julien mort,
ou même l'empreinte prise sur la face rigide et
glacée de la victime.

Voyez, au Louvre, ce portrait d'un jeune
contemporain de Julien. Il n'est pas beau, ce
Florentin, aux pommettes trop saillantes, aux
narines trop ouvertes, aux lèvres décolorées,
joues creuses et teint blême, dont le blanc des
yeux est pénétré de bile; il donne l'impression, écrit Hermann Ulmann, d'un malade qui
souffre du foie. La chevelure noire retombe
abondamment sur le front et les joues. La
coiffe noire est repoussée au sommet de la
tête; le pourpoint, très simple, sans ornements,
est noir. Mais les yeux! Les grands yeux
bruns ont un regard profond, tranquille, étran-

gement triste. Longtemps on le prit, à Florence, pour Domenico Burchiello, l'inventeur de la poésie burlesque. Mais ce gai compère était mort à Rome, deux ans après la naissance de Sandro, et sur le front pâle de ce jeune inconnu, dont le visage se détache d'un fond grisâtre, comme en un brouillard de novembre, ne glisse aucune pensée joyeuse.

D'une technique plus raffinée encore et d'une plus saisissante individualité est un portrait d'adolescent, présenté jusqu'à mi-poitrine, que possède la collection du prince de Liechtenstein, à Vienne. Il se tient très droit, dans le cadre d'une fenêtre ouverte sur le ciel bleuâtre. Son bonnet rouge coiffe une chevelure châtaine rejetée sur les oreilles. Son pourpoint mauve est marqué de plis réguliers, qui rappellent les bustes d'argile de ce temps. Les yeux sont clairs, le regard assuré, loyal, l'ensemble élégant, l'expression légèrement hautaine. Il est bien de la Cour médicéenne, ce jeune garçon. Botticelli l'a replacé dans ses *Rois Mages* de Santa-Maria-Novella, tout près de Laurent le Magnifique. C'est l'éphèbe accompli de la Renaissance florentine.

Beaucoup plus tard, entre 1492 et 1494, Sandro peignit encore le portrait d'un Médicis, le fils de Laurent, Piero (Offices). La ressemblance du personnage, avec la miniature de Gherardo, gravée en 1488, ne laisse point de doute sur le modèle. Ce jeune cavalier a les traits de la famille, le cou élancé, la tête osseuse et maigre, les lèvres accentuées, la partie inférieure du visage saillante. L'ample chevelure brune, coiffée de la cape rouge, cache le front entier. La couleur grisâtre, les ombres foncées, les contours durs, le vague paysage de l'arrière-plan nous reportent vers la période dernière de Botticelli. Piero tient entre ses mains une médaille où l'on reconnaît le profil de son grand aïeul, Cosme l'Ancien. A quoi bon cette relique du Père de la Patrie, écrit Ulmann, portée par le prince qui trahit la Patrie, livra Florence et Pise à Charles VIII et mourut, misérablement noyé dans le Garigliano?

X

Les portraits de femmes sont rares dans l'œuvre de Sandro. Mais le nom d'une femme, illustre par sa beauté et son amour, Simonetta Vespucci, la bien-aimée de Julien, a couru de figure en figure et s'est fixée sur l'effigie de trois ou quatre dames assez dissemblables entre elles, pour le plus grand tourment des historiens de l'art.

« Dans la garde-robe du seigneur duc Cosme, écrit Vasari, sont, de la main de Botticelli, deux très beaux profils de femmes : l'une d'elles passe pour l'amante de Julien de Médicis, frère de Laurent, et l'autre, pour Madame Lucrezia Tornabuoni, femme dudit Laurent. » Vasari, dont les étourderies ne se comptent point, confond ici la mère de Laurent avec sa femme, Clarice Orsini.

La Génoise Simonetta, femme du Florentin Marco Vespucci, mourut à l'âge de vingt-trois ans, le 26 avril 1476. En moins de deux années, les deux amants, chantés par Ange Politien, furent ravis à l'amour de Florence. Et Florence ne voulut point croire que les traits de la charmante et fragile créature fussent effacés pour toujours.

Le portrait authentique, mais unique, de Simonetta, est à Chantilly, en détrempe, sur bois, œuvre d'Antonio Pollajuolo, selon M. Gruyer, et, selon l'*Archivio storico italiano*, de Piero di Cosimo, qui l'aurait reproduit, quelques années après la mort du modèle, d'après des médailles ou des portraits antérieurs. En pleine pâte, à la partie inférieure du tableau, est l'inscription : *Simonetta Januensis Vespuccia*. L'aimable dame, vue en profil de gauche, est nue jusqu'au milieu du buste, les seins florissants : pour toute parure, une écharpe orientale rejetée derrière les épaules, une vipère d'émail noir enroulée autour du cou, une blonde coiffure serpentine, dont les tresses compliquées et lourdes sont enlacées de chapelets de perles et piquées de pierreries. Le visage, qui se détache sur une nuée noire, est délicat de lignes et doux d'expression. Le front est démesurément haut, le regard clair et ferme, les lèvres sensuelles. Tout au fond, des bouquets d'arbres.

Cette Simonetta est séduisante. La prétendue Simonetta du palais Pitti est moins plaisante. La jeune blonde de Chantilly a le charme d'une courtisane candide : la figure du Pitti, avec le bandeau plat de ses cheveux bruns à demi cachés par une simple coiffe blanche, son front trop mince, son nez et son cou longs, ses lèvres pincées, sa robe sombre tout unie, maigre, raide et gauche d'allure ressemble à une ménagère de Harlem ou de Bruges, bientôt mûre, plus encore qu'à une femme du *popolino* florentin. Selon la coutume de Sandro, elle se tient à l'embrasure d'une fenêtre ouverte. Le ton général de la toile est grisâtre, la couleur triste, comme dans le jeune homme maladif du Louvre.

Mais, en cette ingrate effigie, la maîtrise du dessin, la sûreté des contours, l'harmonie des teintes discrètes, la vie des chairs décolorées (la dame n'a point voulu nous dérober le haut de son austère poitrine) révèlent le pinceau de la *Primavera*. Si le portrait du Pitti n'est point Simonetta, est-il plus vraisemblablement Clarice Orsini, femme de Laurent, que Lucrezia, mère du Magnifique, décrivit, toute jeune fiancée de son fils, en une lettre envoyée de Rome à Pierre de Médicis, son mari, le 26 mars 1467? Les traits pittoresques de cette épître sont bien vagues. La réserve timide de la fillette, issue de cette hautaine famille des Orsini, conviendrait davantage au tableau du Pitti. Cette petite Orsini, sortie de sa chrysalide romaine, n'aurait-elle ainsi donné qu'une petite bourgeoise florentine? Le problème est peut-être insoluble, mais l'importance en paraît médiocre.

La plus belle image de femme réelle, sortie des mains de Botticelli, est l'exquise inconnue de l'Institut Stædel, à Francfort-sur-le-Mein. Profil idéal, clair sur un fond sombre, de nymphe, de demi-déesse revêtue de l'appareil élégant d'une patricienne florentine. Le profil est d'une finesse accomplie; le front haut, droit, bombé, et la partie inférieure du visage se répondent par un système de lignes amples et pures qui rappellent l'art antique. La bouche, petite, s'épanouit comme une fleur. L'œil grand, limpide, rêveur, est abrité par un long et mince sourcil horizontal. Au cou svelte est attaché un camée historique des Médicis, représentant Apollon et Marsyas. La blonde chevelure retombe sur les oreilles et les épaules en boucles ondoyantes et se tord, sous le chignon, enfermée en un cordon de perles mêlées de rubans roses qui partent du haut de la tête et se rattachent, par un joyau de rubis, à une blanche aigrette de plumes de héron. La même figure (en profil opposé), de proportions moindres, d'exécution lourde et dure, fait partie du musée de Berlin.

Selon le dernier état de la critique, deux portraits de femmes sont encore attribués à Sandro : l'une d'elles, à Brighton, dans la collection Jonidès, vue de face, d'apparence modeste, les cheveux roux foncé, la robe rouge, croise ses mains à sa taille ; une inscription la dénomme : *Smeralda, femme de Viviano Bandinelli*, qui fut la mère de l'orfèvre Michel-Angelo. L'autre jeune femme, encore vêtue de rouge, un collier de perles au cou, appartient à lady Seymour, à Londres.

Seul, le portrait de Francfort nous prépare aux visions païennes de Botticelli.

CHAPITRE IV

VISIONS PAIENNES, VISIONS MYSTIQUES VISIONS D'ORIENT

I

A cette éclatante œuvre d'art, la Renaissance médicéenne et la vie seigneuriale de Florence, collaborait Botticelli. Quels bijoux a-t-il ciselés pour orner la civilisation florentine, quelle parure a-t-il ajoutée au prestigieux décor, orgueil de l'Italie, édifié par le Magnifique, durant les seize années qui vont des Pazzi à la descente de Charles VIII, éphémère comme un rêve d'impérissable souvenir?

Trois groupes d'ouvrages, parmi lesquels les fresques de la Sixtine ont seules une date assurée, paraissent en cette période souveraine de l'artiste : les allégories profanes et les peintures inspirées par l'hellénisme; — les tableaux de sainteté, illuminés d'un idéal plus libre et plus joyeux; — les scènes tirées de la Bible, c'est-à-dire l'Orient hébraïque, tel que le conçut l'imagination italienne de Sandro.

Dans le premier groupe, la *Primavera* (sur bois), l'œuvre capitale de Botticelli, se présente d'abord à nous. C'est encore une allégorie, plus compliquée que la Pallas, mais dont le secret ne troublait pas encore les contemporains de Vasari. « Vénus, écrit celui-ci, avec les Grâces qui la couvrent de fleurs, ou le Printemps. *Venere che le Grazie la fioriscono, denotando la Primavera.* »

Primavera, Royaume de Vénus, disent tour à tour les critiques de l'heure présente. Puis, lorsqu'ils essayent d'expliquer l'énigme de la scène, leur exégèse s'embrouille étonnamment. Mais cette confusion même laisse entière la liberté d'interprétation, même d'une interprétation très vague, qui répond peut-être mieux qu'aucune autre à la pensée enveloppée de Botticelli, vision de poète, peuplée d'impalpables symboles, de souvenirs flottants, de sensualité aiguë, de profonde tendresse pour les plus doux sourires de la Nature. Au moins sur un point, toutes les esthétiques du monde sont-elles d'accord : l'ineffable beauté de ce visage de femme, la reine du tableau, dont la robe est brodée de fleurs, et que ni Léonard, ni Raphaël, ni le Corrège ne tenteront d'imiter.

A l'orée d'un bois sacré de citronniers, sombre futaie chargée de fruits d'or et percée, d'arbre en arbre, par la blancheur d'un ciel pâle, sur une prairie diaprée de fleurs, évoluent huit figures qui semblent plutôt les aspects fuyants d'une rêverie que les personnages d'une action, idylle ou drame, forme visible et colorée d'une seule idée. Ces huit figures sont disposées en cinq situations dont le lien n'est sensible qu'à force de bonne volonté. A la droite du spectateur, s'arrachant aux bras d'un démon aérien, génie d'assez mauvaise mine, verdâtre, aux grandes ailes engagées entre les arbres, une jeune fille, nue sous une draperie diaphane, les cheveux blonds épars, les bras en avant : elle tourne vers le génie une face suppliante; de sa bouche s'échappe une branche de fleurs. Elle va passer devant la Primavera, mais la Primavera ne s'inquiète point de sa détresse; elle chemine vers nous, très droite, ses yeux, ses grands yeux de claire émeraude fixés sur nos yeux. Au milieu du tableau, au second plan, devant un buisson de fine verdure, une femme blonde, les cheveux voilés de blanc, en robe bleuâtre, relevant à la hauteur de sa taille un riche manteau rouge, dont le revers bleu est brodé d'or. Sa main droite semble bénir; ses regards ne s'adressent à personne. Puis, voici le groupe charmant des trois Grâces blondes qui se tiennent par la main et dansent. Deux bras nus, deux mains entrelacées se lèvent au-dessus du groupe et en marquent l'unité et le rythme; chevelures cendrées, dénouées pour l'une d'elles, savamment ouvragées aux deux autres têtes; voiles tissés d'air et qui trahissent complaisamment les jeunes formes floris-santes. Enfin, à l'extrémité gauche de la composition, un jeune homme presque nu, une draperie violette repliée sur le milieu du corps, coiffé et chaussé selon le rite de Mercure, hausse son caducée parmi les branches comme pour en détacher un citron; il tourne les épaules aux nymphes de la prairie. Cet Hermès est un Hippolyte; ce n'est pas vers lui, mais vers les Grâces, qu'un petit Amour, voltigeant au-dessus de la femme en robe blanche, l'arc tendu, lance une flèche.

Or, tout ceci est bien mystérieux. Mystère, le génie méchant et la nymphe aux lèvres fleuries qui fuit éperdument sa poursuite. Mystère, le rôle austère de cette Vénus, chastement drapée à la façon d'une matrone romaine, tandis que la nymphe et les Grâces se contentent des tissus les plus indiscrets. Mystère enfin, la présence et le geste de Mercure. On voulut mettre des noms sur plusieurs de ces visages. La *Giostra* de Politien n'avait-elle point servi de thème à Botticelli? Dès lors, il fallait découvrir Simonetta. Comme la figure d'Hermès rappelait les traits de Julien, Simonetta ne devait pas être loin. Mais laquelle de ces trois femmes, la nymphe, la Primavera, Vénus, répondait à l'amante du beau Médicis? Tour à tour chacune d'elles fut honorée par la critique comme le fantôme de la Vespucci. Sandro avait certainement imaginé l'entrée de la *Bella* en cette région délicieuse des Champs Élysées où préside la déesse de l'Amour. Mercure *Psychopompe* n'est-il pas le guide des âmes à travers l'autre monde? Mais ici, le funèbre dieu se soucie assez peu de l'âme de Simonetta, qu'il abandonne aux griffes du démon. Pour un critique, moins préoccupé de la *Giostra*, la nymphe serait simplement Flore courant devant le Zéphyr. Pour un autre, Simonetta est retrouvée dans le tableau, « comme vivante, puis ressuscitée et s'éveillant à une vie nouvelle dans les Champs Élysées ». Elle paraît ainsi sous un triple aspect : ici, la nymphe décrite par Politien (Primavera); là, au centre, Simonetta Cattaneo, « telle qu'elle était de son vivant, avec l'expression de souffrance qui marqua la fin de sa vie ». Cette dernière, je l'accorde, ressemble vaguement au portrait de Chantilly. Mais quelle différence entre les traits de la Primavera et la figure de Piero di

Cosimo ! Enfin, la nymphe effarée qui bondit hors du bois de citronniers achève l'étrange trinité, une seule femme, une seule amante en trois personnes.

Je l'ai dit plus haut : entre la Primavera et la nymphe de Politien, les analogies sont assez frappantes, et le poète nous a donné déjà une esquisse gracieuse du tableau. Cependant, remarquez une importante contradiction des deux ouvrages. La 'nymphe des *Stances*, assise sur l'herbe, à la vue de Julien se relève effarée et du repli de sa robe tombent les fleurs dont elle tressait une guirlande :

> *Ghirlandetta avea contesta*
> *Di quanti fior creasse mai natura,*
> *De'quali era dipinta la sua vesta.*

La **Primavera** de Sandro marche très paisible et, de la main droite, prend les fleurs amassées en sa robe, et les sème sur la prairie.

II

L'exégèse des modernes s'est trop fidèle-
ment attachée à Politien, à la commémora-
tion, par le pinceau de Sandro, de ces deux
pathétiques figures, Julien et Simonetta. On a
trop oublié que l'inspiration de Botticelli dut
être, en ce tableau, personnelle et très libre,
j'ajouterai très florentine. Que la poésie idyl-
lique, si goûtée à la cour des Médicis, ait
charmé son imagination et jeté sur sa palette
de fraîches et ardentes couleurs, je le veux
bien. Mais souvenons-nous que Sandro fut un
enfant du *popolino* et que, tout petit, dans
l'échoppe paternelle, aux carrefours et sur les
places de sa ville, aux jours de fête ou de
marché, il entendit chanter, au son des mando-

lines, par d'agrestes troubadours, des aveugles, des mendiants, des apprentis comme lui, ces simples octaves, d'origine fort ancienne, champêtres et populaires, recueillies jadis par M. Giuseppe Tigri, les *Canti popolari Toscani.* C'était la littérature familière du Mercato Vecchio. On y trouvait des ressouvenances de Néron, de Constantin, des épopées carolingiennes, des légendes de saints, des miracles et de saisissantes horreurs. On y trouvait surtout l'amour, la jeune fille, l'amoureuse, l'amoureux. Tout un chapelet de ces octaves est consacré à la beauté de la femme (*Bontà e belleza di donna*), et les symboles de cette beauté revinrent sans doute, riants souvenirs d'adolescence, à l'esprit de Sandro :

« O blanc visage — là où vous passez — le vent s'arrête. — Toutes les étoiles vous font des caresses, — Vous êtes la belle rose du jardin. — O fleur d'oranger cueillie au Paradis, — Feuille de l'olivier au feuillage si beau, — Vos beautés vont en France ; — Elles montent l'escalier de l'Empereur ; — Elles montent l'escalier de l'Impératrice; — Vous êtes plus claire que l'eau de la source, — Plus douce que la malvoisie. — Belle, chère belle, qui a fait vos yeux? — Qui les a faits si amoureux? — Blanche comme la neige des montagnes, — O rose venue de Naples, — Tu as passé par Rome, — Tu as couvert Livourne de roses, — Les roses blanches sur ton cœur, — Les roses vermeilles à ton visage. — Pourquoi t'appelle-t-on Napolitaine? Toi, née à Florence, — Baptisée à une claire fontaine. »

La dernière octave recueille, comme en un bouquet nuptial, toutes les grâces de la figure féminine :

« Belle, qui êtes née au Paradis, — J'allais cherchant à cueillir une fleur, — Vous en avez de si belles sur votre face blanche. — Elles sont blanches et rouges et de toutes couleurs, — Vous avez tant de fleurs en vos tresses blondes — Qu'elles semblent un jardin de roses fraîches; — Tant de fleurs s'enlacent en votre chevelure — Qu'elles semblent un jardin de roses, — Et j'en vois de si belles en vos mains blanches — Qu'elles semblent un jardin de grenades,

> *N'avete tanti in quelle bianche mani,*
> *Che paion un giardin di melagrani.*

Ce naïf *Cantique des Cantiques* qui, dans les soirs d'été, résonnait, au temps de Dante, par les rues sombres de Florence, ne répond-il pas mieux encore que les vers raffinés de Politien à l'esthétique ingénue de Botticelli peignant le tableau de la *Primavera*?

III

Refermons le poème de Politien. Résignons-nous à ignorer les noms que Botticelli nous a dérobés. Après tout, l'incertitude même où il nous condamne est d'un grand charme. Déchiffrer le secret d'une œuvre d'art est une joie subtile de l'esprit. L'ironique *Joconde* et le *Bacchus* efféminé de Léonard, les statues de Michel-Ange aux tombeaux des Médicis, ces terribles figures de marbre qui font la veillée de la liberté morte, sont encore abordées et interrogées par nous comme des Sphinx. Telle image symbolique de l'*Inferno*, telle ombre pleureuse de femme saluée par Dante, le Veltro, la Pia de' Tolomei, solliciteront toujours la curiosité de l'histoire ou de la critique. Souvenons-nous enfin de cet état d'âme que Vasari nous signalait en Botticelli adolescent : *fantastico, stravagante*. Un artiste d'imagination si orageuse devait ménager quelques surprises à la postérité.

Mais, en ce voyage à travers les songes, le jeune peintre avait aperçu l'idéale jeune femme, attirante et troublante, de beauté patricienne, ni Madone, ni courtisane, éblouissante et douce, que jamais jusqu'alors ni la poésie ni l'art n'avaient révélée à l'Italie, Primavera. La Béatrice de Dante est une apparition séraphique, si tôt ravie à la terre, une blancheur virginale, adorable pour sa pureté même. Françoise de Rimini, mélancolique et frêle amante féodale, au premier baiser de Paolo, tombe, lis brisé ; on l'eût vite oubliée, sans le Roman de la Table Ronde, un roman d'amour, sur le vélin duquel passa son dernier soupir. L'insaisissable Laure de Pétrarque, dégagée des légendes traditionnelles, toujours fuyante, dès la rencontre d'un matin d'avril, en une église d'Avignon, échappe à nos yeux comme à la tendresse du poète, longtemps, jusqu'à ces années automnales où les confidences de l'ami très fidèle nous permettent de l'entrevoir, dans les jardins de la ville papale, cheminant aux côtés du lyrique chanoine, vers le déclin du jour, à pas lents, le cœur en paix, sous la pluie des feuilles mortes détachées par le vent du Rhône, dans la senteur mourante des dernières roses. Le monde féminin de Boccace est nombreux et varié; mais, ni les sept nobles dames du *Décaméron*, élégantes et froides, d'esprit indulgent et quelque peu scolastique, ni les tragiques amoureuses ou les joyeuses commères des Dix Journées, ni la Fiammetta du conteur, d'une sensualité dévorante et d'un discours si pédantesque, ne laissent encore pressentir la Primavera de Botticelli.

Je ne découvre dans la poésie italienne, venue après Sandro, qu'une héroïne qui puisse être comparée à la Primavera, l'Angélique de Bojardo et de l'Arioste : l'Angélique de Bojardo, charmeuse, caressante, tyrannique; l'Angélique de l'Arioste, superbe d'orgueil, dédaigneuse des plus renommés chevaliers chrétiens ou païens qui soupirent et se battent pour ses beaux yeux, Roland, Ferraù, Sacripant, Renauld. Éprise d'amour pour un pauvre page sarrasin, elle s'enfuit avec le blond Médor et, de bocage en bocage, à l'ombre hospitalière des lauriers et des myrtes, chevauche passionnément jusqu'au cœur de l'Asie. Dans les octaves du poème héroï-comique, joyau de la Renaissance italienne, toutes sonores du fracas des armes, du froissement des cuirasses, parmi les villes couronnées de tours et de fins minarets, les îles enchantées où règnent des magiciennes belles comme Circé, les déserts où se cachent de dangereux ermites, sous le ciel où les hippogriffes se heurtent aux étoiles, Angélique, moins guerrière que Marfise ou Bradamante, tour à tour rieuse ou grave, malicieuse ou tendre, s'épanouit, rayonnante fleur d'amour.

Primavera est une personne royale. La nymphe aux voiles si légers, les trois Grâces dansantes sont d'aimables jeunes filles qui n'auraient peut-être découragé ni Roland, ni Sacripant. La Grâce que nous voyons presque de face porte en ses traits amaigris et ses yeux langoureux comme une fatigue du plaisir. Celle qui apparaît de profil, à la droite du groupe, d'une race plus noble, toute suave, frêle et souple, la chevelure brodée de perles, a plus de dignité chaste, mais son visage est d'une si caressante expression! Primavera, très grande, élancée, d'une finesse et d'une plénitude de formes merveilleuses, marche d'un pas selennel. L'admirable pied nu qu'elle glisse en avant sur l'herbe veloutée rehausse encore sa taille; les guirlandes de feuilles et de feuillages qui ornent sa tête blonde et ses épaules, les bouquets de fleurs attachés à sa robe de soie blanche lui prêtent une sorte de majesté riante, violettes et rouges œillets, narcisses d'or et blanches pâquerettes, des bluets et des roses, la neige des hyacinthes et des lis, cette parure embaumée fait de la jeune femme le triomphant symbole de la Nature.

Et de quel monde lointain l'étrange créature

vint-elle à l'Italie florentine? Italienne de Shakespeare, peut-être, une Desdémona; mais le port de la tête est si impérieux, la démarche si altière, qu'elle fait penser à ces demi-déesses des légendes scandinaves ou germaniques, à ces nymphes blondes, aux yeux glauques, d'une tendresse décevante et douloureuse, qui vaguent dans la clarté rose de l'aurore ou la lueur nacrée de la lune, au bruissement des sources, sur des tapis de fleurs. Les Italiens ont des mots de sens indécis, des mots noyés de brume, pour exprimer la beauté de la femme, *vagghezza*, la séduction qui éveille le désir; *leggiadria,* le charme; *venustà*, le rythme des formes pures; *morbidezza*, la délicatesse, même la pâleur exquise des chairs et de la physionomie. Tous ces traits conviennent à Primavera. Mais aucun d'eux ne donne le dernier mot de cette figure ensorcelante, l'amoureuse lassitude de ces yeux verdâtres, au regard oblique, de ces yeux rêveurs enclos en des paupières meurtries, l'énigmatique sourire de cette longue bouche dont les lèvres appellent ou promettent le baiser, la mystérieuse tristesse de ce visage effilé, l'allure auguste de cette grande voluptueuse qui plane, en sa robe de fleurs vermeilles, comme soulevée par l'extase.

IV

L'invention païenne de Sandro apparaît, en cette allégorie du *Printemps*, avec toute sa fraîcheur florentine. Quand le peintre revint de Rome, en 1481, son esthétique s'était modifiée. Il avait vu, dans la ville Éternelle, les monuments de la sculpture gréco-romaine. Il avait pu converser avec des érudits, des humanistes, des antiquaires. Les fêtes de la cour pontificale n'étaient point alors une prédication d'ascétisme. Il quitta Sixte IV l'imagination échauffée par un paganisme plus raffiné, plus classique et méditant les ouvrages où le nu s'étale avec beaucoup de bonne grâce, la *Vénus Anadyomène* (*Naissance de Vénus*, écrit Vasari), la *Vénus* de Berlin, le *Repos de Vénus et de Mars*, la *Calomnie*. Mythologie séculaire, qui semblait, vers la fin du *Quattrocento*, presque une nouveauté et dont les images eussent attristé la conscience très timide de Frà Angelico.

Le mythe de Vénus répondait aux profonds instincts de l'hellénisme. Dans cette religion de poètes, qui représenta par d'idéales figures humaines les forces de l'éternelle Nature, le charme souverain émana de l'élément humide, source d'inépuisable fécondité, de la mer, mobile, vivante et riante, qui caressait de ses vagues bleues les rivages et les promontoires de la Grèce, déroulait ses nappes indolentes au pied des montagnes sacrées, l'Hymette, l'Olympe, l'Hélicon, le Parnasse, entourait les îles ombreuses d'une guirlande d'écume, berçait en ses ondes tout un peuple étrange de Tritons, de Néréides, et de Nymphes, la mer étincelante, capricieuse, parfois méchante, aux séductions infinies et dont les Sirènes chantaient si amoureusement, attirant les navigateurs en des grottes d'azur d'où jamais plus ils ne ressortaient à la lumière du jour.

Du sein de la mer avait surgi la grande Aphrodite, reine du monde, la Volupté maîtresse des Dieux et des hommes, Vénus Anadyomène dont le souvenir inspirait encore au moyen âge chrétien des légendes de terreur et que la Renaissance d'Italie invoquait ingénument, à Florence, près du Baptistère de Dante, à Rome, sur le tombeau des Saints Apôtres.

Botticelli eut-il besoin, pour créer la *Naissance de Vénus* (Offices), des vers cités plus haut de Politien : contempla-t-il, à Rome, cette *Vénus de Médicis* qui ne vint à Florence qu'en 1584, ou telle imitation de cette statue que l'on voit à Pise, sur la chaire de la cathédrale? Quelque docte prélat lui expliqua-t-il, un soir, dans la chapelle Sixtine, l'hymne homérique à Vénus? L'intérêt de ces problèmes est assez mince, tant la fantaisie de l'artiste demeura libre. Et c'est encore l'influence même de sa *Primavera*, plus qu'aucune autre, qui se montre en ce nouvel ouvrage.

Fantaisie d'ailleurs assez naïve et bien subtile, comme avait été la *Primavera*. Vénus, nue, debout et presque chancelante sur le rebord plat et recourbé d'une large coquille aborde à la rive verdoyante : à gauche, deux génies aériens, de sexes différents, aux draperies agitées, presque nus, aux grandes ailes, enlacés aux bras l'un de l'autre et les jambes singulièrement embrouillées, par leur souffle impétueux ont poussé vers la terre la conque marine : à droite, une nymphe vêtue et coiffée comme Primavera, la robe semée de fleurs, sort en courant d'un bouquet d'arbres et, du bras droit, tend vers la déesse un manteau destiné sans doute à voiler ses charmes. Au fond, la mer et le ciel d'où tombent quelques fleurs. La chevelure de Vénus flotte d'une façon désordonnée; de sa main droite, elle presse l'un de ses seins. De la gauche, elle fait de ses cheveux une écharpe favorable à sa pudeur. Elle est grande, très fine, modelée sommairement, comme pour être vue de loin. Elle incline un visage un peu triste, et ses yeux semblent dire : Pourquoi m'avez-vous ravie à la paix de l'abîme, à la fraîcheur divine de l'Océan?

La *Vénus* de Berlin est-elle la sœur jumelle de l'*Anadyomène* florentine? Sa chevelure est moins effarée, mais la pose, le geste chaste, la physionomie languissante sont bien pareils. Cette *Vénus* n'est peut-être qu'une de ces nombreuses « femine ignude » attribuées à Sandro par Vasari et l'Anonyme Gaddiano. Elle ne troublera ni les dieux ni les humains. Ces deux déesses n'ont point la nudité triomphante. Mais cette timidité virginale, qui les distingue de la Vénus Astarté de Musset, en fit deux figures exquises. Elles ne féconderont point le monde en tordant leurs cheveux. Elles ont la douceur plaintive d'une Ève cherchant, après la pomme fatale, parmi les arbres du Paradis, le figuier qui lui prêtera le voile de son feuillage.

Plus audacieuse, plus spirituellement païenne est la peinture de là Galerie Nationale de Londres, le *Repos de Vénus et de Mars*. Le dieu de la guerre nu et l'épouse de Vulcain, vêtue comme une honnête Florentine, se tiennent à demi couchés, appuyés sur un bras, en face l'un de l'autre, Mars dort, le corps, d'une souplesse toute féminine, mollement abandonné ; Vénus contemple son amant avec un demi-sourire provoqué par le jeu malicieux de quatre petits satyres à jambes de bouc. Deux d'entre eux enlèvent la lance énorme du dieu : le premier vient d'enfouir sa tête et son cou dans le casque de Mars ; l'autre, du bout de la lance, fait sortir d'un creux d'arbre un essaim d'abeilles qui bourdonne sur la tête du dormeur ; le troisième souffle de sa conque dans l'oreille du dieu ; le dernier émerge hors de la cuirasse qui sert de coussin à l'immortel et, gentiment, lui tire la langue. Mythologie joyeuse, qui se recommande encore par la beauté des nus, la sûreté des raccourcis, la précision des draperies, les tons clairs et dorés, le rythme des figures. C'est du paganisme alexandrin, que Raphaël retrouvera aux peintures de la Farnésine.

V

Les précieuses fresques de la villa Lemmi,
que possède le Louvre (1881), nous montrent
encore deux scènes d'invention fort originale :
l'une, diversement interprétée, représente
Giovanna degli Albizzi, femme de Lorenzo
Tornabuoni, saluée soit par les Quatre Vertus
cardinales, soit par Vénus et les Trois Grâces;
l'autre, de sens beaucoup plus intelligible, est
la réception de Lorenzo Tornabuoni dans la
compagnie des Sciences et des Arts. Ces
peintures, retrouvées en 1872 sous une couche
de chaux, par le Dr Lemmi, en sa villa, sur le
chemin qui va de Florence à Fiesole, furent
exécutées à l'occasion du mariage de Lorenzo,
auquel avait présidé le Magnifique. La villa

demeura, jusqu'en 1541, la propriété des Tornabuoni.

A ces fresques, rongées par place, criblées de blessures et dont la claire et légère coloration a pâli sous la morsure dè la chaux, le Louvre a réservé un séjour sépulcral, la cage de l'escalier Daru, l'énorme mur de pierres nues opposé à la large rampe de marches blanches, rempart percé d'une haute baie béante sur les profondeurs d'une galerie, plus lumineuse que la cage de l'escalier Daru, la galerie des Antiques, peuplée de bronzes où vont et viennent quelques mélancoliques visiteurs. En cette prison, encombrée d'antiquailles, de toiles de Jules Romain, éclairée par en haut d'une clarté grisâtre, la *morbidezza* des figures florentines s'évanouit comme en une brume : la lumière triste et louche qui tombe d'une coupole bariolée et dorée, oblige le fidèle de Botticelli à chercher péniblement, sur les degrés du solennel escalier, la marche favorable à une vision vague : heureux si, la rencontrant, il peut s'y maintenir quelques minutes, sans être trop souvent heurté par ceux qui montent et ceux qui descendent. Certes, les dieux hideux de l'Egypte, les monstres d'Assyrie reçoivent du Louvre une hospitalité plus gracieuse.

Tâchons néanmoins de reconnaître ces fresques en abritant nos yeux contre le fastueux vitrail ouvert, à notre droite, sur la grande place du palais. Le tableau dédié à Giovanna Tornabuoni est un motif très simple. La jeune femme debout reçoit l'hommage de Vénus, selon les meilleurs critiques; la déesse verse des fleurs dans le tablier de la Florentine. Sur ses pas s'avancent les Trois Grâces blondes, tenant des branches de lis, en robes flottantes, blanche, verte ou couleur orange. L'intention de l'autre fresque est plus curieuse. Cet ouvrage semble un legs du moyen âge, un souvenir des temps lointains. Le docte Tornabuoni, coiffé d'un bonnet rouge, vêtu de rouge, de mine timide, est présenté par une femme, la Scolastique (?), à une personne imposante, couverte d'un manteau brodé de flammes d'or, assise sur un trône, la Philosophie. Les autres Sciences, tout le reste du

Trivium et du Quatrivium, se tiennent aux pieds de la Sagesse. Voici la Géométrie, en manteau lilas, une équerre à la main, la Musique, qui joue de l'orgue, ses cheveux blonds déroulés sur son manteau rouge, l'Astronomie tenant une sphère. En face est l'Arithmétique qui fait errer ses doigts sur une table marquée de figures algébriques; puis la Grammaire, une vieille dame, un scorpion d'une main, une férule de l'autre, image malicieuse où le peintre a mis ses rancunes d'écolier. Enfin, la Rhétorique, portant un rouleau de parchemin, symbole de copieuse éloquence. La scène a pour décor un bocage dont il ne reste plus que des ruines.

L'imagination de Sandro fut ici d'accord avec son siècle. Benozzo Gozzoli avait représenté le *Triomphe de saint Thomas* (Louvre), la Science de l'Ecole, foulant aux pieds la terreur de l'École, Averroès. Ghirlandajo allait glorifier, au *Chiostro Verde* de Santa-Maria-Novella, les vieilles disciplines qui firent si longtemps l'éducation de l'esprit humain. La Renaissance, qui découvrait les sciences de la Nature et voyait grandir le génie de Léonard, se tournait alors vers le passé avec une sorte de respect filial et scellait pieusement la pierre sur ces momies illustres, le Trivium et le Quatrivium.

VI

La *Pallas* du Pitti, l'*Anadyomène*, le *Repos de Vénus et de Mars*, inspirés par d'assez vagues sensations poétiques plutôt que par une archéologie précise, témoignaient de la fantaisie de Sandro plus que de son érudition. La *Calomnie*, qu'il peignit pour son ami Antonio Segni, d'après le texte de Lucien et les conseils esthétiques de Leo Battista Alberti, montre le candide effort de l'artiste en vue de produire une œuvre véritablement antique. Se laissa-t-il alors trop étroitement asservir par la description de l'écrivain grec, ou bien l'agitation trop dramatique des personnages ne nuit-elle point à la beauté d'une composition allégorique, d'autant plus intelligible que les figures y gardent la tranquille noblesse de pures abstractions? Le tableau des Offices fut une tentative laborieuse dont le détail est d'une analyse fort intéressante.

On sait qu'Apelle, accusé par son rival Antiphile de conspirer contre le roi d'Égypte Ptolémée, avait heureusement plaidé sa cause en offrant au prince sa *Calomnie*. Nous avons perdu la *Calomnie* d'Apelle. Mais on peut croire qu'elle était d'une harmonie de mouvements tout hellénique. Botticelli, obsédé d'images violentes, n'a su éviter ni l'excès des gestes, ni la confusion des attitudes.

Imaginez une haute salle dont le portique à trois arceaux s'ouvre sur la mer et le ciel. A droite, sur un siège élevé de plusieurs degrés, est assis le juge ou le tyran, qui se débat entre deux mégères, l'*Ignorance* et la *Méfiance* : elles chuchotent aux longues oreilles du maître l'odieuse accusation. En face du trône, l'*Envie*, vagabond farouche, à la barbe sauvage, vêtu de peaux de bêtes, coiffé d'un capuchon noir, tend vers le juge son long bras décharné. Il accuse. Puis, c'est le groupe presque convulsif de la *Calomnie* qui, en manteau bleu, une torche à la main gauche, traîne de la droite, par les cheveux, sa victime, un jeune homme nu, désarmé, qui lève vainement les bras vers le ciel. La déesse tragique est soutenue dans son action par deux femmes, la *Ruse* et l'*Illusion*; derrière elles, isolée, tardive, une autre vieille femme, le *Remords*, tout en deuil, voilée de noir, qui semble se tordre les mains. Enfin, à l'extrémité gauche de la scène, voici la *Vérité* nue, blanche, radieuse, pareille aux Vénus de Sandro; elle dresse un bras vers les dieux, tout en ceignant ses flancs d'une longue tresse de sa chevelure. Et, pour que les élégances chères à l'artiste ne manquent point en cette attristante peinture, la *Ruse* rattache un chapelet de perles aux cheveux blonds de la *Calomnie*, et l'*Illusion* fait tomber des fleurs sur le sein de sa reine.

Le décor architectural que n'imposaient ni Lucien, ni Alberti, renferme un véritable musée où se mêlent, en un désordre charmant, tous les souvenirs d'art antique ou chrétien, recueillis par Sandro à Florence, à Pise, à Rome. Aux piliers du portique sont pratiquées des niches où se tiennent des figures inconnues d'Apelle et de Ptolémée, Judith marchant sur la tête d'Holopherne, des Prophètes barbus, des Apôtres extatiques, des personnages rappelant le saint Georges ou le David de Donatello, ou le Filippo Spano d'Andrea del Castagno. Puis, partout, aux socles, aux frises des piliers, dans les caissons des voûtes, au pied de l'estrade où siège le tyran, des bas-reliefs de bronze doré, Athéna munie de la tête de Méduse, Jupiter et Antiope, des Centaures et des Centauresses cornus, créations bizarres, semblables aux êtres hybrides et trop compliqués évoqués par Dante en son *Enfer*. Puis, de nouveau, Judith, suivie de sa servante chargée du chef d'Holopherne, une nymphe surprise par un berger, la délivrance de Prométhée, un Centaure enchaîné par Éros, le Combat des Centaures, trois Amours jouant avec un lion, saint Georges aux prises avec le Dragon, le meurtre de Lucrèce, Ariadne sauvée par Bacchus, la justice de Trajan, des courses de chevaux, des scènes de chasse.

L'impression produite par cette œuvre est étrange. Jamais, dit Ulmann, Sandro n'avait usé d'une plus belle virtuosité de pinceau. Les lumières, les formes architecturales, la richesse des couleurs, les reflets chatoyants des tons d'or aux chevelures et aux draperies sont une caresse pour les yeux. Mais le contraste entre le décor et l'action est trop vif. Pourquoi, dans cette sereine architecture égayée de soleil, en vue de ce ciel si pur, de cette mer d'émeraude, un tel déchaînement de personnages, dont le rôle, comme le nom, demeure encore à demi mystérieux et qui s'acharnent sur une victime abattue à terre, perdue sans espoir? L'apparition de la *Vérité* n'est point pour nous une consolation. Elle regarde vers les voûtes au lieu de se tourner vers le drame, de se pencher sur le misérable jeune homme. Elle est trop lente; c'est une *Vérité* d'outre-tombe.

Vasari signale la *Calomnie* comme la production dernière de Botticelli. Je crois plus juste d'y fixer la fin des ouvrages profanes des allégories païennes, du paganisme même de Sandro, l'approche de la crise où furent entraînés à la fois son génie de peintre et sa conscience de chrétien.

A cette même période d'une vie qui semblait vouée à l'art profane, se rattachent les plus idéales peintures religieuses de Botticelli. De sa première Madone à la *Nativité du Christ*, en 1500, Sandro rechercha toujours soit une beauté plus pure, soit une émotion plus profonde dans la représentation des scènes évangéliques ou bibliques.

Peu de temps après la conspiration des Pazzi, il peignait sa première *Épiphanie*. L'idylle de saint Luc jointe à l'évangile de Noël, la poésie de l'Orient rayonnant sur le texte des Synoptiques tentèrent bien des fois son pinceau. Le panneau bas de la Galerie Nationale de Londres, retouché, altéré, était encore d'une inspiration toute traditionnelle. La Vierge et le Bambino sont, au côté droit, réfugiés dans les ruines d'un temple. Joseph, en manteau jaune, se tient à part, courbé sur son baton, l'air morose. Deux bergers, avec leur cornemuse et leur chalumeau, sortent timidement de l'ombre des masures. Mais les rois et leur suite ont un aspect magnifique : le plus vieux baise le pied de Jésus; le second, d'âge moyen, s'agenouille; le plus jeune s'incline à quelque distance.

Les rois, leurs officiers, leurs esclaves, turbans et manteaux aux vives couleurs, le nain en pourpoint écarlate, fourré d'hermine, les écuyers maintenant l'impatience des chevaux, tout au fond, un défilé d'esclaves et de montures, n'étaient-ce point les splendeurs bizarres de l'Asie que, depuis un demi-siècle, les peintres évangéliques s'efforçaient de rendre à l'Italie?

Dans le même temps, Sandro peignait pour Santa-Maria-Novella sa fameuse *Adoration des Mages* (Offices), interprétation très libre du texte de saint Mathieu. Ce n'est plus ici l'humble et tiède étable où le bœuf et l'âne réchauffent de leur haleine l'Enfant-Dieu. Sous un toit délabré, soutenu d'un côté par des troncs d'arbres, de l'autre par les ruines massives d'un temple, la Sainte Famille, assise sur les pierres nues, reçoit l'hommage des rois venus de l'Orient. Un vieux roi, drapé en un manteau vert, brodé d'or, agenouillé, baise le pied de Jésus. C'est Cosme l'Ancien, le Père de la Patrie, long visage amaigri, tête presque chauve. Il a déposé son turban près d'un vase d'or, son offrande. Au centre et au premier plan est agenouillé un autre roi en manteau de pourpre orné d'hermine, Pierre « le goutteux », fils aîné de Cosme; il tient son présent enveloppé d'un voile. Il tourne la tête vers son voisin, un jeune prince vêtu de blanc, qui paraît écouter ses paroles. Selon Vasari, ce troisième roi est Jean, fils de Cosme, mort en 1463. Voici, dans le groupe de droite, avec son abondante chevelure noire, les mains en prière, Julien de Médicis, puis, coiffé d'un chapeau pointu, Lorenzo Torna-buoni. Le groupe de gauche montre, au premier plan, Laurent le Magnifique, de profil, tête nue, les mains croisées à la garde de son épée, robuste et large de poitrine, vêtu, comme son frère, de couleurs éclatantes, pourpoint rouge, chausses lilas, bottes de cavalier, calme et fière attitude qui rappelle le chevalier de Donatello. Derrière lui, la tête de son cheval. A sa gauche, on veut reconnaître Ange Politien, qui a passé un bras autour de la taille de Laurent. Plus en avant, trois personnages richement drapés, dont le nom nous échappe; le plus proche du Médicis, un seigneur de haute stature, en chapeau de voyage, à demi tourné vers le maître de Florence, lui montre, d'un geste grave, la scène d'adoration. A l'extrémité droite du tableau, opposé au Magnifique, un jeune homme en manteau orange, front puissant, gros yeux clairs, visage énergique, la chevelure bouclée, nous regarde fixement : c'est Botticelli, qui dut peindre sa figure de face, au miroir. Il s'est réservé la modeste place traditionnelle de cette vivante signature et ressemble d'ailleurs au portrait tracé par Filippino Lippi, dans le

Crucifiement de saint Pierre, à la chapelle
Brancacci.

Ce tableau, « d'une étonnante finesse de
tons et d'une parfaite sûreté de dessin », dit
Ulmann, est une véritable symphonie de couleurs ; les ombres diaphanes aident à la transi-
tion du rouge pourpre au rose, du bleu au
vert, des touches claires aux touches sombres.
Les carnations sont chaudes, les visages déli-
catement modelés, les draperies très souples.
La sensation religieuse de l'ouvrage est d'une
nature originale. Ici, le peintre a rompu avec
la tradition hiératique. Avant lui, Jacopo
d'Avanzo, Gentile da Fabriano, Masaccio,
Vittore Pisano, Frà Angelico, Gozzoli avaient
traité ce thème édifiant : les princes de l'Orient
courbés devant la crèche, brûlant la myrrhe
et l'encens en face de la Sainte Famille :
l'Évangile donnait le décor, et toujours le
bœuf et l'âne réchauffaient de leur haleine la
nudité de Jésus. L'*Adoration* de Sandro n'est
autre que la dynastie et la cour des Médicis
témoignant, aux pieds du Sauveur naissant,
de sa foi chrétienne. Assemblée de grand céré-

monial, qui se presse, en cette triste ruine, ouverte à tous les vents, recueillie et parlant bas, comme elle ferait à l'autel de Sainte-Marie-de-la-Fleur. Et cependant, ces nobles personnages ne sont que les comparses de la scène. Les *Adorations* antérieures laissaient le beau rôle esthétique aux princes d'Asie, à leurs esclaves noirs, à leurs coursiers de guerre, à leurs encensoirs d'or, au rayonnement de leurs draperies incrustées d'or, pompeux appareil à l'écart duquel la Vierge était reléguée près du petit dieu pâle et des deux bêtes évangéliques. En cette *Épiphanie* de Santa-Maria-Novella, la composition est, en quelque sorte, pyramidale : au milieu, au sommet, par-dessus les têtes des assistants, trône la Madone : un rayon d'or tombe de l'étoile mystérieuse et, par les fentes du toit délabré, illumine le front de l'Enfant. Cette ordonnance, qui prête à la Vierge une dignité royale, fut peut-être inspirée à Sandro par l'*Adoration* que la Seigneurie commandait, en 1478, à Léonard, pour la chapelle de Saint-Bernard, au Palais-Vieux (Offices). La Madone du Vinci n'est point surélevée, comme dans le tableau de Botticelli; mais elle occupe le centre du panneau, les adorateurs s'agenouillent en bel ordre des deux côtés. Les deux maîtres s'étaient liés d'amitié dans l'atelier du Verrocchio. « Nostro Botticelli », écrit Léonard en son *Libro di Pittura*, où il ne mentionne qu'un seul autre grand nom contemporain, Luca della Robbia.

A la Galerie Nationale de Londres est un tableau rond (*tondo*), une *Adoration des Mages*, attribuée à Filippino Lippi, mais justement restituée à Botticelli, depuis Crowe et Cavalcaselle. On y peut reconnaître le *tondo* que Sandro, selon Vasari, peignit pour un Pucci. Cette fois encore, comme dans l'Apothéose des Médicis, la Sainte Famille occupe le centre de la composition. Deux rois sont agenouillés devant le Bambino; le plus jeune s'avance à gauche. Au fond, le bœuf, l'âne et les bergers. Des deux côtés, les compagnons des rois, foule confuse de turbans et de manteaux multicolores. En avant, au premier plan, en trois groupes, les écuyers, les pèlerins, les chevaux.

Les épisodes isolés abondent. A droite, une fanfare effraye les montures. Deux esclaves surveillent un chien. Deux chevaux blancs fendent la foule et viennent vers nous. Un paon est perché sur un pilier rompu. Une ruine, de mine artificielle, pareille à un édifice abandonné par l'architecte, et, à l'arrière-plan, une colline d'un côté, une ville fortifiée de l'autre, achèvent le décor.

Selon l'Anonyme, Sandro, durant son séjour à Rome, avait peint une *Épiphanie*, « *che fu la più* (*bella*) *opera che mai facesse* ». Il est permis de retrouver cette œuvre dans le tableau de l'*Ermitage*, à Saint-Pétersbourg. L'artiste y modéra la fougue de son tempérament. La Sainte Famille, au centre, sous une ruine, en pleine campagne, reçoit l'hommage des rois; des deux côtés, moins pressés les uns sur les autres que dans la précédente *Adoration*, les pèlerins asiatiques s'agenouillent ou s'inclinent; à droite, au second plan, s'avance une file de voyageurs à cheval. Au fond, l'horizon se prolonge en collines arrondies et ver-doyantes.

Ces diverses *Épiphanies* ont une belle sérénité religieuse. Une dernière, conservée au
dépôt des Offices, appartient à la fin de Botticelli, œuvre fiévreuse, maladive, que nous
retrouverons à sa place aux dernières pages
de ce livre.

VIII

Revenons aux Madones de ces années si fécondes.

Les premières que l'on doive signaler sont encloses en ces *tondi*, dont l'emploi fut suggéré à Sandro par les faïences de Luca della Robbia et les médaillons de Donatello, forme heureuse qui permet de rapprocher les figures en une plus vivante et plus familière unité. Le *tondo* de la collection Rasinsky (Galerie Nationale de Berlin) montre l'Enfant presque droit entre les bras de sa mère qu'il embrasse tendrement, les yeux tournés vers le spectateur. De chaque côté sont quatre anges portant des branches de lis. Ceux de droite chantent, avec le sérieux des adolescents de Luca, sur un psautier soutenu par l'un d'eux qui, de sa branche fleurie, suit le texte ; les anges de gauche écoutent le concert. Sur la tête de la Vierge plane une couronne supportée par deux mains miraculeuses. Le médaillon des Offices est d'une impression plus grave encore. Entre deux chœurs de trois anges, aux longues boucles brunes ou blondes, Marie, pensive, presque douloureuse, fixe son regard sur le jeune Rédempteur qui, de sa droite, semble bénir et, de l'autre main, saisit une grenade que lui tend sa mère.

A partir de 1480 ou 1483, les *Madones* se multiplient dans l'œuvre de Botticelli et, près des *Madones* authentiques, les *Madones* douteuses, ou visiblement apocryphes, copiées, imitées, altérées par les élèves de l'artiste. Mais il est facile aujourd'hui de grouper, comme en un écrin, quelques joyaux sortis des mains du maître.

La *Vierge au Magnificat* (Offices), à Florence, le plus populaire ouvrage de Sandro, après la *Primavera*, est assise, baignée de lumière joyeuse, un voile transparent posé sur sa chevelure blonde, une écharpe orientale autour du col, vêtue d'un manteau bleu bordé d'or, légèrement inclinée vers l'Enfant qui repose sur ses genoux et lève au ciel un regard inspiré : deux anges à genoux lui présentent un livre ouvert où elle inscrit les premières paroles du *Magnificat*, tandis que, de son petit bras, Jésus semble guider la main maternelle : un ange, debout derrière les deux premiers, se penche sur ses compagnons. Aux deux extrémités, deux anges, de leurs bras tendus, tiennent une couronne royale au-dessus de la tête virginale ; tout au fond, un paysage ensoleillé, une rivière sinueuse, un castel au haut d'une colline, puis le ciel d'azur, d'où coulent des rayons d'or qui versent sur les chevelures et les draperies un scintillement d'or. Le *Magnificat* du Louvre n'est qu'une faible copie de la *Madone* des Offices. D'assez nombreux détails y sont modifiés ; ainsi, l'ange porte-couronne de gauche n'y figure point : il est remplacé par les grandes ailes déployées de l'adolescent qui assiste les anges chargés du psautier sacré.

Le Bambino de la casa Canigiani (Académie de Vienne) a recueilli en sa chemisette quelques roses que lui ont données deux anges : il les offre amoureusement à sa mère. L'Enfant de la collection Lanckoronski (Vienne) feuillette un livre; saint Jean contemple dévotement son jeune ami.

Le carton et certaines parties de la *Madone* assise devant un buisson de roses et couronnée par les anges (Galerie Nationale de Londres) sont sans doute de Botticelli; le disciple acheva l'esquisse du maître, en retoucha même le dessin premier. D'une authenticité moins incertaine est le séduisant tableau du Musée de Berlin, d'aspect inattendu, solennel, où sept anges, tenant des vases de fleurs et des cierges allumés, font cortège à la Vierge, réminiscence des « Sept Esprits de Dieu » aperçus par Dante au Purgatoire (ch. XXIX), qui marchent dans la lumière de sept candélabres, vêtus de blanc, couronnés

Di rose e d'altri fior vermigli,

en tête du char apocalyptique réservé au triomphe de Béatrice.

Le médaillon de l'Ambrosiana, à Milan, est une jolie fantaisie de Sandro : la Vierge, agenouillée sur l'herbe, lance à l'Enfant quelques gouttes de lait; un ange ailé maintient devant sa mère le petit debout, chancelant, rieur; deux anges ailés relèvent les pans du lourd rideau rouge et or d'un baldaquin et découvrent là-bas un frais paysage de ruisseaux et de collines.

L'invention, en ces tableaux de *Madones*, se montre de plus en plus libre. A Turin (Musée), Marie allaite Jésus entre le petit saint Jean et un ange muni d'une branche de roses. A la Galerie Borghèse, elle est assise sur un banc de pierre; le Bambino bénit saint Jean; au second plan, six anges, couronnés de roses et de fleurs des champs, des lis entre les mains, chantent de tout leur cœur. Dans la collection Salting, à Londres, la Vierge, en coiffe violette, robe rouge et manteau bleu, s'agenouille près de son fils couché sur l'herbe, les bras croisés; même motif dans le *Presepio* du duc de Brindisi, à Florence : ici paraissent saint Joseph et deux bergers dont l'un porte un

agneau sur ses épaules. Au musée Poldi-Pez-
zoli de Milan, Jésus, sur le giron maternel,
bénit de sa main droite, de la gauche tient
trois clous et, passée à son bras, une couronne d'épines. A la galerie du comte de
Wemyss, à Londres, la blonde et fine Madone
adore le jeune Messie couché, endormi parmi
les fleurs, à l'ombre d'un buisson de roses.
Une Madone de la Galerie Nationale de
Londres rappelle encore, par son attitude, le
tableau du Louvre; mais, par une fenêtre
ouverte, on aperçoit une large campagne,
bouquets de hauts arbres, rivière et cité lointaine. Le *Repos dans la fuite*, de la collection
André, à Paris, est une image plus orientale.
La Sainte Famille s'est arrêtée en plein désert
morne : la Vierge avec l'Enfant est assise sur
un chapiteau qu'ombrage un palmier; plus
loin, Joseph prépare, sur un marbre rompu,
l'humble repas des exilés.

IX

Nous venons de visiter la tribune mystique de Botticelli, négligeant à dessein les tableaux où le pinceau du maître, tout au moins son inspiration souveraine, ne s'affirme point d'une façon irrésistible. Mais les *Madones* composées par les disciples étaient bien de la grande école de Sandro. Cette école sut unir à l'imagination riante et familière de Frà Filippo Lippi la noblesse soutenue de Masaccio. Botticelli éclaire le délicat visage de ses Vierges de la pureté idéale, translucide, exprimée jadis par Frà Angelico et que Raphaël ne put surpasser. Sans doute, les Primitifs et les œuvres du Quattrocento l'aidèrent à la création de la *Vierge au Magnificat*; au Paradis de Dante seulement on voit glisser des figures d'une si impalpable beauté, « des lumières », dit le poète. Mais ni les frêles Madones de Frà Angelico, ni les jeunes Vierges de Dante, Béatrice ou Lucia, n'offraient le modèle des Madones maternelles de Sandro, cette ineffable tendresse, ce recueillement de piété, parfois mêlée de vague angoisse pour le Dieu qu'elle berce entre ses bras.

Tout autre fut l'esthétique des anges botticellesques. Les anges ailés d'Angelico et de Gozzoli, figures suaves aux blonds cheveux frisés, de sexe neutre, dont les formes incertaines se dérobent sous les chastes replis des longues robes flottantes, les anges qui soufflent en des clairons d'or ou dansent sur l'herbe en fleurs du Paradis sont renvoyés par Sandro aux jardins du Père céleste. Il renonçait à la tradition ecclésiastique, au mythe venu des séculaires Écritures, parfois à l'assistance de saint Jean-Baptiste et coupait volontiers les grandes ailes apocalyptiques. Dans les salons des Médicis, les ateliers d'art, les maîtrises de chapelle, il allait chercher ces beaux adolescents bouclés, au profil très fin, aux yeux de velours, vêtus à la florentine, d'une grâce de très jeunes filles, qui font penser aux Paolo et aux Diego de Cellini. Il les groupait autour de Jésus, tels que des camarades d'un âge plus avancé, respectueux, mais non éblouis, inclinés, mais non prosternés en face du Messie. Et, de même qu'au tableau de la *Primavera*, les impressions poétiques de la première jeunesse, les images évoquées par les chants populaires de Florence et du *contado* revivent dans les traits et le charme de ces anges.

« Jeune garçon aux beaux cheveux, chantaient les jeunes filles, laisse-les épars et ne les noue point; — Laisse-les tomber sur tes épaules. — Ils semblent des fils d'or ou de soie. Beaux sont les cheveux et celui qui les porte. — Ils semblent des fils d'or, d'or filé.

« Jeune garçon, que ta démarche et belle et beau ton visage! — Là où tu passes, les arbres de tous côtés fleurissent. — Tu fais fleurir les arbres comme les roses au mois d'avril. —

Tes yeux noirs sous le ciel noir, — Beau garçon, que d'amour ils inspirent! — Quand je te vois, je m'arrête toute joyeuse. — Quand je te vois, je crois voir — Le soleil, la lune et posséder le Paradis.

« Jeune garçon né au Paradis, — Pourquoi vas-tu cherchant des fleurs? — De si belles fleurissent à ton blanc visage; — Elles sont blanches et rouges, de toutes les couleurs. — Ton visage est tel qu'un jardin de roses.

« Jeune garçon aux cheveux frisés, — Aux cheveux d'or qui parent ta figure, — Tu parais un ange envoyé du ciel, — Ange d'église, ange du Paradis. »

Or, en ces peintures évangéliques de Botticelli, se manifestait le pur mysticisme de l'Italie, Florence et l'Ombrie, les visions paradisiaques de Dante et l'amoureuse familiarité, la gaieté religieuse de saint François d'Assise : ici, nulle trace de sombre exaltation monacale, d'orthodoxie liturgique, de rituel d'Église. On sent que le pinceau de l'artiste fut libre comme sa foi. Sandro interprétait le christianisme italien fondé sur la parole de saint Paul : « Là où est l'esprit de Dieu, là est la liberté ». Mais le rêve de beauté l'enchantait toujours et, sous les pieds de ses Vierges et de ses anges, il semait encore les hyacinthes et les roses qui fleurissent la robe blanche de Primavera.

X

Et cette liberté d'imagination, qui est le don des mystiques, éclate encore dans les peintures de caractère ecclésiastique que les confréries ou les chapelles des familles demandaient à Sandro. A l'église d'Ognissanti, sur un pilier, en face d'un saint Jérome de Ghirlandajo, il peignait à fresque, après 1480, pour les Vespucci, son *saint Augustin*. Le grand docteur, vêtu d'une aube, à demi enveloppé d'un camail rouge à longue traîne, est assis en son oratoire, à sa table de travail; un livre est ouvert sur le pupitre. Augustin s'arrête d'écrire et, la main droite au cœur, semble perdu en une vision passionnée. Le visage n'est vu que de profil; mais le regard flamboie d'une telle ardeur religieuse que le tableau, dit Ulmann, fait pressentir Savonarole. Cette méditation d'ascète, plus austère qu'attendrie, attirait l'artiste. Nous la retrouvons dans le petit *saint Augustin* des Offices et la *Communion de saint Jérôme*, du marquis Farinola, à Florence, « *opera singolare* », écrit l'Anonyme Gaddiano; enfin, dans les quatre figures de saints qui, debout sur le tertre, assistent en extase au couronnement de la Vierge par Dieu le Père (Académie), et que Botticelli peignit pour San-Marco, saint Jean, échevelé, paraît comme frappé de stupeur, l'Apocalypse ouverte en sa main droite, la gauche dressée vers le ciel; saint Augustin mitré, plus jeune qu'à l'église d'Ognissanti, couvert d'une chape de fête, écrit sur un livre; saint Jérôme, en robe de cardinal, coiffé du chapeau rouge, contemple l'apparition, saint Eligius, patron florentin des forgerons, donne sa bénidiction épiscopale. Et, dans les hauteurs traversées de lueurs d'or, Dieu, la tiare papale sur le front, couronne la Reine des Cieux.

La scène est bien dans la tradition d'Eglise, disposée en cet appareil de cérémonie dont abusera la peinture religieuse de l'Italie. Mais l'imagination de Sandro ne pouvait se contenter de la solennité artificielle du décor. Il lui fallait des anges et des fleurs. Et voici qu'une troupe d'anges ailés, vêtus des couleurs de l'arc-en-ciel, les yeux charmés par le sacre mystérieux, mènent autour de Dieu une sarabande joyeuse, éperdue, sous la pluie de roses rouges, de roses blanches, qui tomberont tout à l'heure sur les mitres des pieux évêques, le chapeau de saint Jérôme et le front nu du visionnaire de Pathmos.

De plus en plus le peintre cherche l'exaltation du sentiment religieux par la dignité des attitudes, l'émotion des visages, la variété brillante des couleurs. La *Madone de saint Barnabé* (Florence, Académie) est comme illuminée par les rouges, les bleus, les verts, les ors qui rayonnent autour de son trône. Les saints rangés en ce beau sanctuaire, animés d'une même piété, ont le geste ou l'aspect de leur caractère : l'ascète saint Jean, maigre, exténué, les yeux à demi clos; l'archange Michel, chevaleresque et juvénile en son armure étincelante; l'évêque saint Augustin, méditatif; saint Barnabé, son Évangile apocryphe à la main; sainte Catherine d'Alexandrie tenant la palme des martyres, le regard extatique. A chaque côté du trône deux anges soulèvent le rideau du baldaquin; deux autres montrent la couronne d'épines et les clous réservés au Dieu du Calvaire. Enfin, dans le tableau de la Vierge entre les deux saints Jean (musée de Berlin), Sandro voulut égayer par un luxe inouï de verdures et de fleurs la gravité de la scène. La Vierge assise sur un trône de marbre, le Précurseur et l'apôtre debout se détachent sur un fond de feuillages touffus formant trois niches ombreuses, palmiers et roseaux, myrtes et cyprès. La riche balustrade du trône supporte de grands vases de cuivre remplis de branches d'olivier, et des coupes débordantes de roses.

XI

Il fallait rapprocher en des groupes distincts les ouvrages de date incertaine composés par Botticelli entre l'année des Pazzi et les derniers temps de Laurent le Magnifique. Cette classification nous permettait d'analyser avec ordre l'originalité et la diversité de son génie. Mais, au début même de cette période, se rencontre une heure singulière, qui marque, dans la vie du peintre, une inspiration isolée du reste de son œuvre. J'ai voulu la réserver jusqu'au terme de ce chapitre, parce qu'elle me paraît préparer de loin la suprême évolution morale, la grande crise d'âme de Sandro.

Il s'agit des fresques que Sixte IV lui commanda, ainsi qu'à Ghirlandajo, à Cosimo

Roselli, au Pinturicchio, au Pérugin, à Luca Signorelli, pour la décoration de la chapelle Sixtine. En moins de six mois, du 27 octobre 1481 au 15 mars 1482, cette admirable équipe peignit, sur les murs de la nef, dix scènes de l'Ancien et du Nouveau Testaments. Sandro, dit Vasari, fut chargé par le Pape de présider au travail de ses confrères. Il prit pour lui-même la *Tentation du Christ*, *Moïse tuant l'Égyptien*, *Moïse et les filles de Jéthro*, le *Sacrifice de Coré*, *Dathan et Abiron*, et quelques-unes des figures de papes, pontifes archaïques, placées au-dessus de ces peintures et confiées en grande partie au pinceau de Frà Diamante.

On ne s'arrête guère aujourd'hui à contempler ces fresques, enfumées par les cierges, en cette petite église, si caduque et si glorieuse, que remplit à lui seul, comme d'un éblouissement, Michel-Ange. Trop limité par l'espace et par le temps, Botticelli entassa, d'une façon souvent confuse, les épisodes et les personnages, inférieur en ceci à Ghirlandajo qui, dans le *Naufrage de l'armée pharaonique au passage de la mer Rouge* et la *Vocation des saints Pierre et André*, garda la noblesse habituelle de sa claire ordonnance. Sandro reprend la tradition d'imagerie naïve chère aux Primitifs; dans le même cadre, à l'ombre des mêmes arbres, avec un assez médiocre souci de la perspective, il déroule les épisodes successifs d'une même histoire, tous les actes d'un long drame; Moïse frappant l'homme d'Égypte, adorateur d'idoles, Moïse dénouant ses sandales, Moïse abreuvant les troupeaux de Jéthro, Moïse chassant les pâtres madianites, Moïse, au mont Horeb, agenouillé en face du Buisson ardent, enfin, Moïse marchant vers la Terre promise à la tête de son peuple, l'Égypte et le Désert, la vengeance sanglante, le miracle, l'idylle, l'exode vers la lointaine Palestine. Cependant, parmi ces scènes éparses sur plusieurs années, la figure du terrible législateur est encore un lien d'unité historique.

Plus déconcertante est la *Tentation du Christ*. Saint Mathieu et saint Luc offraient à Botticelli l'esquisse d'un mystère fantastique fait pour séduire le pinceau d'un poète :

« Alors, écrit l'Évangéliste, Jésus fut conduit au désert par l'Esprit, pour être tenté par le Diable. Et, quand il eut jeûné quarante jours et quarante nuits, il eut faim. Et le Tentateur s'approcha et lui dit : « Si tu es Fils de Dieu, « dis que ces pierres deviennent des pains ». Il répondit : « L'homme ne vit pas seulement « de pain... » Alors le Diable l'emporta sur la Cité sainte, le déposa sur le pinacle du Temple et dit : « Si tu es Fils de Dieu, jette-toi en « bas. Car il est écrit : Il enverra ses anges qui « te recevront dans leurs mains, pour que ton « pied ne heurte point à la pierre. » Jésus lui dit : « Il est écrit : Tu ne tenteras point le « Seigneur ton Dieu. » Alors le Diable l'emporta sur une très haute montagne et lui montra tous les royaumes du monde et leur gloire : « Je te les donnerai tous si, tombant, tu « m'adores. » Alors Jésus lui dit : « Va t'en, « Satan ! » Le Diable le laissa, et voici que les anges s'approchèrent et le servirent. »

Sandro reproduit côte à côte ces trois tentations, mais à l'arrière-plan de son tableau, d'un pinceau hâtif et confus, comme pour s'acquitter du programme imposé par Sixte IV. Au milieu, se détachant sur le ciel, à la pointe d'un fronton de temple fort peu judaïque, Jésus debout près de Satan vêtu en moine : le Tentateur montre au Messie tous les royaumes du monde. A droite, en haut d'une roche tourmentée, le Démon renouvelle son offre au Sauveur qu'assistent trois anges. A gauche, il dit à Jésus : « Si tu es le fils de Dieu, change ces pierres en pains. » Plus bas, le Christ vainqueur, entouré d'anges, descend de la montagne.

Ces quatre scènes jouent, en cet ouvrage, malgré son titre, un rôle secondaire. Mais au spectacle du premier plan, nous retrouvons Botticelli. Est-ce bien la *Purification du Lépreux*, le rite tout oriental de la religion juive, ou telle autre cérémonie du bréviaire hébraïque? Un jeune lévite en robe blanche présente au grand-prêtre le bassin d'eau lustrale; aux deux côtés de l'autel se pressent, assis ou debout, les familiers de la synagogue; à droite, une femme accourt, un petit fagot sur l'épaule, élancée et bien rythmée, allure et draperies qui font penser aux fresques de la villa Lemmi : à gauche, une jeune fille, qui rappelle la suivante de Judith, s'avance, une corbeille posée sur la tête. L'assemblée, que le voisinage de la vision fantastique décrite par les Évangélistes trouble si peu, attentive, courtoise, plutôt que recueillie, figures de prélats, de grands seigneurs, de pages pontificaux, put donner à Sixte IV l'illusion d'une *fonction* vaticane, plus pompeuse que mystique. A droite, deux portraits s'y reconnaissent sans peine : le Botticelli de l'*Adoration* médicéenne des Mages et le Filippino Lippi de la chapelle Brancacci, dans l'entrevue des saints Pierre et Paul avec le proconsul.

Le châtiment de Coré, Dathan et Abiron, lévites sacrilèges, rebelles à l'autorité de Moïse, est la mieux ordonnée, la plus dramatique des fresques peintes par Sandro à la Sixtine. Ici l'on croit reconnaître la collaboration de Filippino Lippi, ce goût du disciple pour les monuments antiques que signalaient Vasari et Cellini, la répartition harmonieuse des personnages, l'instinct du plein-air, si visible à la chapelle Strozzi. Le fond et le centre du tableau sont occupés par l'arc de Constantin, à Rome, reproduit avec une fidélité surprenante. En avant, l'autel profané, défendu par Moïse qui lève son bâton contre les mauvais prêtres ; déjà ceux-ci se tordent, dévorés par le feu même de leurs cassolettes. Derrière l'autel, Aaron, très grand, couvert des insignes pontificaux, balance l'encensoir ; à droite, Moïse, protégé par Josuas contre la multitude furieuse qui tente de le lapider ; parmi cette populace se dresse le visage altier de Rodrigo Borgia, le futur Alexandre **VI. A** gauche, terrassés par le geste de Moïse, les trois lévites révolutionnaires s'effondrent et la terre s'entr'ouvre pour les dévorer.

Les Botticelli de la Sixtine ne rendent ni par le paysage, ni par la lumière, ni par le décor architectural, l'Orient palestinien. On peut, d'ailleurs, vérifier sur les paysages de Sandro, parfois trop sommaires, le jugement de Léonard : « Ces paysages sont tristes », disait le peintre des profondes vallées parcourues par des rivières sinueuses, encadrées par des montagnes d'azur. Et cependant ces scènes sont au plus haut point bibliques et hébraïques. Le Moïse de ces épisodes, moins imposant de stature que le marbre de Michel-Ange, est bien le ministre formidable et comme déchaîné du Dieu qui se révélait à coups de tonnerre dans les horreurs du Sinaï. Ce pasteur de peuples a la menace foudroyante, il tue tranquillement, pour plaire à son Jéhovah, l'Égyptien, c'est-à-dire le païen qui osa frapper un juif. Observez maintenant le cortège de l'Exode. Certes, ces hommes coiffés de turbans, ces têtes embéguinées de femmes, ces visages glabres ou hérissés d'une courte barbe noire, ces robes pesantes, Sandro les avait regardés plus d'une fois, se glissant le long des ruelles sordides du Ghetto, vers la synagogue, dans la brume crépusculaire du Tibre. Son Aaron, aux grands yeux noirs si tristes, à la face émaciée, fiévreuse, est une merveille. C'est Israël même, cheminant, résigné, sur le sentier de son exil éternel.

Revenez, maintenant, au tableau bucolique des filles de Jéthro. Ici, Moïse est d'une mansuétude toute champêtre. Il tire de la citerne et verse dans l'auge l'eau qui désaltérera les béliers de ces deux grandes filles d'Asie, de mine étrange, blondes, échevelées, dont l'une, Zéphorah, sera tout à l'heure sa fiancée. Cet épisode patriarcal, au centre de la composition tumultueuse que je viens d'analyser, la *Vie de Moïse*, évoque l'image des mœurs antiques, la douceur des pâtres chananéens, Ruth et Booz, les champs de la Galilée et le puits de Jacob perdu au fond de la plaine blanche, dans la fraîcheur des petites oasis, sous le ciel divin de Syrie.

Là-haut, des deux côtés de la Sixtine, dans les intervalles des fenêtres, sont rangés, au fond de leurs niches, les grands papes de l'Église naissante, d'Anaclet à Marcel, dont Ghirlandajo, Frà Diamante et Botticelli se partagèrent les portraits. Vêtus des ornements de l'âge primitif, de l'ample chasuble orientale, couronnés de la tiare pointue, ils échangent des regards pensifs. Anaclet, Calixte Ier, Sixte II témoignent de la manière de Sandro. Ces vieux papes austères, aux longues barbes blanches, ont dû troubler souvent la sérénité de leurs successeurs et, avant l'apparition des Prophètes de Michel-Ange, obliger Sixte IV, Innocent VIII, Alexandre VI, Jules II à baisser les yeux.

CHAPITRE V

LE CRÉPUSCULE DE BOTTICELLI

I

L'enthousiasme et la tendresse, l'amour de la grâce et la joie légère, la joie ailée qu'éveille la vision de la beauté, ces dons généreux ou charmants, étaient tout le génie de Botticelli. L'âme bercée d'espérance, l'imagination parée de songes heureux, il jouissait, jeune encore, de sa gloire. Florence l'aimait. Son atelier semblait une école éminente, où se pressaient les disciples. Le plus cher de tous, Filippino Lippi, était l'orgueil de sa maison. L'Italie saluait en Sandro le fondateur d'une tradition originale, l'égal des maîtres les plus renommés, de Ghirlandajo, de Mantegna, du Pérugin, de Léonard.

Nature exquise, d'une rare séduction, en laquelle s'alliaient la suavité mystique et l'ardeur voluptueuse, mais nature féminine et troublante. A le voir ainsi, tantôt chrétien comme le vieux Giotto, tantôt païen, enivré des souvenirs d'Homère et de Virgile, on se rappelle l'adolescent, d'humeur mobile, passionnée, dont Vasari dénonça la singularité morale. On sent confusément que ce grand idéaliste ne pouvait avoir ni la sérénité constante de Raphaël, ni la hautaine indifférence du Vinci. Il était de ces artistes que la vie enchante tant qu'elle les caresse, mais inquiète et tourmente dès qu'elle les froisse. Une première fois, au jour des Pazzi, il avait goûté les tristesses d'un siècle tragique. Le spectacle de Rome, la Rome de Sixte IV, fit entrer au cœur de ce Florentin l'angoisse religieuse.

La métropole de l'Église, où la politique des Médicis envoya les maîtres de la peinture florentine, voyait s'achever le pontificat de l'homme qui, à la suite des papes lettrés et graves du Quattrocento, Eugène IV, Nicolas V, Pie II, revenant au népotisme effréné de

Calixte III Borgia, au paganisme de Paul II, tandis que ses neveux, cardinaux ou grands seigneurs, étonnaient le monde par l'extravagance de leurs fêtes et de leurs débauches, ferma tranquillement l'Évangile, bouleversa l'Italie par ses convoitises et ses trahisons, jeta le principat ecclésiastique sur la voie sanglante où le suivront, pour la ruine du christianisme, Innocent VIII, Alexandre VI, Jules II, Léon X. C'était un théologien, ce pape Rovère, un scolastique, un juriste. Fils d'un batelier de Savone, moine franciscain, venu jadis à Rome pieds nus et tête nue, à peine assis sur la chaire apostolique, il s'était montré, par la fourberie et la cruauté, le digne cousin des deux princes de terreur ses contemporains, Ferdinand Ier de Naples et Louis XI de France. Tandis qu'il bâtissait des églises et des bibliothèques, il abandonnait Rome aux pillages de sa famille, aux parasites, aux baladins, aux courtisanes et aux mignons de Pietro Riario, cardinal de saint Sixte, et de Julien, le futur Jules II, cardinal de San Pietro in Vincula. Mais il était encore le plus ascète de tous les siens, attentif surtout au jeu tortueux de sa politique, à l'extinction de la race des Colonna. Parfois, après sa messe, à Saint-Jean de Latran, il allait, sur l'esplanade de la basilique, visiter son artillerie et bénir ses bombardes.

Sandro, à Rome, se laissa conter les folies de Lionardo Rovere et du cardinal Pietro au mariage du premier avec Éléonore d'Aragou. Les prodigalités de Cléopâtre, la cuisine de Vitellius, les inventions désordonnées de Trimalcion parurent alors aux lettrés romains, lecteurs de Martial et de Pétrone, d'assez pâles modèles offerts par la démence antique aux neveux du Saint-Père. Mais Sandro vit au moins le carnaval romain de 1482, si grossier, dur aux juifs, à tous les disgraciés de la nature et, dans les longues semaines de cet hiver, penché sur ses peintures de la Sixtine, il dut soupirer souvent après l'élégance des joies florentines et murmurer, aux oreilles de son Moïse, les chants carnavalesques du Magnifique.

Il reprit donc le chemin de Florence, bien

résolu à ne plus revoir la Ville Éternelle. Il suivit de loin les dernières convulsions de ce pontificat démoniaque, la guerre implacable faite aux patriciens romains, le supplice, dans une cour du Château Saint-Ange, de Lorenzo Colonna, à qui Sixte IV avait juré la vie sauve, et cette inoubliable scène, la mère de Lorenzo, entourée des dames de sa maison, attendant, sous le portique des Saints-Apôtres, le cercueil de son fils, élevant entre ses mains la tête livide et criant à Rome et à la chrétienté : « Voici la tête de mon enfant et la bonne foi du pape Sixte ! »

Une pensée grave, mélancolique, s'emparait de Sandro, que l'infinie misère de Rome sous Innocent VIII, la détresse de l'Église sous Alexandre VI rendirent chaque année plus découragée et plus sombre. On était donc revenu aux temps farouches de Boniface VIII, à la papauté sacrilège, néronienne, de Jean XII et de Benoît IX ! Le peintre se souvint alors de la malédiction jetée naguère par le plus grand des Florentins au Saint-Siège simoniaque, impur, complice de l'Antéchrist. Il rouvrit le poème où Dante avait flagellé les marchands du Temple et, pour un Médicis, Lorenzo di Piero Francesco, il entreprit d'illustrer un manuscrit sur parchemin de la *Divine Comédie*. « Comme il était fantasque, — *persona sofistica*, — écrit Vasari, dont les vues sont toujours étonnamment courtes, il commenta par le dessin l'*Enfer* et *imprima* ce travail ; il y perdit beaucoup de temps ; cette œuvre l'empêcha de produire d'autres travaux ; elle fut la cause d'une infinité de désordres dans sa vie. »

II

Le mot de Vasari : « *la mise in istampa* »
révèle la confusion faite par l'historien des
dessins de Sandro avec les médiocres vignettes
sur cuivre d'une édition de la *Commedia*, com-
mentée par Christoforo Landino, imprimée,
en 1481, par Lorenzo della Magna. Ce *Dante*
ne reçut que dix-neuf gravures, ornant les
dix-neuf premiers chants de l'*Enfer*. Quelques
critiques ont voulu découvrir en cette imagerie une reproduction plus ou moins fidèle
des illustrations de Botticelli. L'œuvre de ce
dernier eût été ainsi antérieure à 1481. On
oubliait que les visions du poète, par leur
saisissante précision, imposent au crayon d'artistes différents de nécessaires analogies. Mais

Ulmann a montré combien, dans le livre de Landino, l'aspect des figures, la disposition des scènes, le groupement des personnages ressemblent peu à l'œuvre de Sandro. Celle-ci rappelle d'ailleurs si souvent, aux illustrations de la troisième *Cantica*, certaines peintures du maître, les Anges porteurs de cierges, les Grâces de la *Primavera*, les femmes symboliques de la villa Lemmi, qu'elle doit être reportée, à la suite du séjour à Rome, entre 1485 et 1490. Trente années avant Michel-Ange, Botticelli recherchait donc, à travers les tercets du grand exilé, l'écho de son propre cœur, le secret de ses désillusions, peut-être un vague rayon d'espérance.

Ces dessins, tracés à la pointe par un burin d'argent, puis repassés légèrement à la plume, sont, au nombre de quatre-vingt-cinq, au cabinet des Estampes de Berlin. Ils proviennent de la collection du duc de Hamilton. Huit feuilles, venues de la bibliothèque de la reine Christine de Suède, se trouvent à la Vaticane. Deux feuilles de la Vaticane et deux du musée de Berlin sont peintes de couleurs à la détrempe, peut-être par un enlumineur de profession. Les dessins de Berlin ont été reproduits par la photographie. Dans le premier projet de Lorenzo di Piero et de l'artiste, le verso de chaque feuillet devait porter le texte commenté par l'image du recto suivant.

Ces représentations sont d'une valeur fort inégale. Le *Paradis*, tout en lumière, en musique, en parfums, en battements d'ailes angéliques, se dérobait au crayon de Sandro. Celui-ci s'attache parfois, avec une fidélité enfantine, au texte du poète et nous montre Dante et Béatrice, planant dans le vide du ciel cristallin, au milieu d'une nuée de petites flammes, qui sont les âmes des Élus. Le *Purgatoire* ne lui offrait que des souffrances toutes morales, sans abîmes d'ombre ni flamboiements sinistres ; des pécheurs qui, sans contorsions ni clameurs, attendent, résignés, plaintifs, l'heure de la rédemption. Ici, il put rendre le pathétique de l'expiation, les tristes hôtes couchés à terre, à plat ventre, où, le long des murs, accroupis, serrés ensemble, tels que des pèlerins las d'une longue marche, s'embrassant, se réchauffant, se consolant avec une tendresse fraternelle. L'*Enfer* prêtait davantage à l'invention de Botticelli. Toutefois, il n'y détache pas assez nettement les épisodes tragiques; il excelle dans l'entassement, le grouillement, les gestes éperdus des réprouvés vautrés dans la fange ou la poix liquide, roulant parmi les ronces, poursuivis, harcelés, déchirés par les démons. Mais on aimerait à voir une plus fière figure de Farinata degli Uberti, le grand athée, debout en son sépulcre enflammé, tête haute, avec un regard de mépris pour l'Enfer :

> *Ed ei s'ergea col petto e colla fronte*
> *Come avesse l' Inferno in gran dispitto.*

On regrette que la rencontre entre Dante et son vieux maître Latini Brunetto, sur la lande brûlante, ne rende pas mieux la surprise douloureuse et la vénération du disciple :

> *Siete voi qui, ser Brunetto?*

III

Dans les tableaux favorables au grotesque ou à l'ironie, Botticelli retrouve toute sa fécondité d'imagination. Tels de ses diables, à têtes de taureaux apocalyptiques, ont le masque bien émouvant, à demi comique pour le spectateur désintéressé. Sa procession des hypocrites est moins lugubre que celle de Dante, mais d'une réalité psychologique plus poignante. Ils marchent, s'arrêtent, se retournent avec le regard doux, fuyant et fourbe, les mains pieusement jointes, l'attitude courbée, suppliante, la mine pleureuse, de leur détestable vice. Leurs capuchons, leurs lourds manteaux monastiques sont comme saturés de mensonges. Et, ce que Dante n'avait point

13

aperçu, tout autour de la fosse où les voleurs se débattent contre les serpents, sont rangés, ainsi qu'en un banc d'église, les bras dévotement croisés, quelques-uns de ces bons apôtres, témoins charmés de l'infernale cérémonie. Ici, Dante était retouché par Sandro, avec une intention à la fois ironique et miséricordieuse : ces mauvais clercs, ces mauvais moines se reposaient un instant du poids de leurs chappes de plomb doré tout en jouissant des tortures de leurs voisins. Vrai plaisir d'hypocrites.

Mais comment reproduire certains épisodes que n'enveloppe plus, en les faisant plus effroyables encore, la nuit rouge de l'Enfer? D'un mot, Dante prête une horreur inouïe à l'apparition de Bertrand de Born, portant sa tête qui se balance, et qu'il élève, comme pour éclairer sa marche,

a guisa di lanterna.

Et les devins qui vont, la tête tordue, le visage retourné sur le dos? Et les larrons qui, piqués à la nuque ou au nombril par un petit serpent noir « comme grain de poivre », s'affaissent, tombent en cendres et, tout aussitôt, renaissent de leurs cendres, éternellement? Et les damnés enchaînés à leur serpent d'un si miraculeux enlacement, que, sans trêve, l'homme et le reptile se fondent l'un dans l'autre, échangent, par de monstrueuses transformations, leurs figures et leurs corps? L'âme, « devenue serpent, siffle et fuit dans la vallée, le démon court derrière elle en parlant et crachant ».

A l' altro dietro a lui parlando sputa.

Le dessin, le pinceau sont, en de tels sujets, fatalement inférieurs à la poésie. Ajoutez encore les conditions fâcheuses pour l'effet dramatique, les petites proportions des figures, et le parti, adopté déjà par Sandro à la Sixtine, les mêmes personnages reparaissant deux fois, jusqu'à quatre fois, dans la même figuration. Sandro nous met sous les yeux, côte à côte, trois Caïphe, cloués au sol, crucifiés « par trois clous ». On est parfois tenté de ne voir en ces illustrations que des esquisses préliminaires, tâtonnantes, préparant une édition définitive et peut-être même ce rêve grandiose, une fresque d'épouvante sur un mur d'église, au cloître d'un Campo-Santo, la cité dolente des morts, avec ses mosquées de fer rouge et ses falaises de glaces étalée quelque part, dans la cité trop joyeuse des vivants.

Tout en feuilletant les dessins dantesques, on est frappé de l'aspect naïvement hiératique de ces représentations. Le char triomphal de Béatrice, traîné par un griffon, flanqué de l'aigle, du lion, du bœuf des Évangélistes et de l'Ange tenant le livre de saint Mathieu, pourrait rouler dans la pénombre d'une basilique byzantine, à Ravenne. Au chant X du *Purgatoire*, le cortège impérial de Trajan devient une épaisse chevauchée féodale, tumultueuse sous le hérissement des lances. Et Virgile n'est plus le jeune poète couronné de lauriers que croyait retrouver le sens esthétique du Quattrocento, mais le vénérable maître des âges scolastiques, barbe grise, chaperon fourré, ample robe doctorale, le Virgile du *Roman des Sept Sages* et de notre *Dolopathos* :

à Rome avoit
Un philosophe, ki tenoit
La renoméc de clergie ;
Sage fu et de bonne vie...
Assiz estoit en sa chaière ;
Une riche chappe forrée,
Sans manches, avoit affublée.
Et s'ot en son chief un chapel
Qui fut d'une moult riche pel.

Pas à pas, Botticelli se détachait de la Renaissance, retournait au moyen âge.

IV

Ici, je dois tenir compte des confidences de Vasari sur le caractère et la vie intime de Sandro, traditions venues, plus ou moins intactes, jusqu'à l'historien, qui ne s'appliquent certainement pas à l'époque heureuse, printanière, du peintre, mais répondent à cette période finale dont le début est marqué par les dessins dantesques, et qui, d'année en année, sera plus inquiète et plus sombre.

Sixte IV, dit Vasari, lui donna de grosses sommes d'argent « qu'il consuma et détruisit toutes durant son séjour à Rome, parce qu'il vivait à l'aventure, selon sa coutume, *per vivere a caso, come era il solito suo* ». Et, brusquement, le choniqueur nous montre

Sandro, à peine rentré à Florence, se jetant à la fois dans la secte de Savonarole et dans une paresse obstinée, tombé en noire misère, vieux et pauvre et qui, sans le secours de Laurent le Magnifique, de ses amis et « des gens de bien, affectionnés à son talent », serait presque mort de faim.

Vasari anticipe beaucoup sur les crises morales et domestiques que traversa Botticelli. Ce « *vecchio* », quand mourut son patron Médicis, avait à peine quarante-cinq ans. L'illustration de la *Commedia* ne fut point une œuvre si absorbante qu'il n'ait continué de travailler du pinceau. Quant à son affiliation au monde pleureur des *Piagnoni*, il est peu vraisemblable qu'elle ait précédé la mort de Laurent, en 1492. D'ailleurs, c'est en juillet 91 seulement que Savonarole, élu prieur de Saint-Marc, où il était entré, venant de Ferrare, en 90, commence à jouer un rôle religieux et politique.

Redressons donc et reprenons en un ordre meilleur les souvenirs recueillis par Vasari. Trois anecdotes sont maintenant à leur place.

La première est une *charge* d'atelier, qui serait inoffensive de la part de jeunes compères, mais qui, du maître lui-même, se moquant de son élève, semble vraiment méchante. Biagio avait exposé, dans l'atelier, son propre ouvrage, une Vierge entourée de huit anges, de grandeur naturelle, et vendu le médaillon pour six florins. Sandro et son apprenti Jacopo coiffèrent nuitamment les anges des capuchons rouges de la Seigneurie florentine, en papier. Étonnement de Biagio, conduisant, le lendemain, en face du chef-d'œuvre, l'acheteur qui n'y voit que du feu et l'emmène toucher le prix convenu. Stupeur du pauvre garçon, quand, une heure plus tard, il retrouve ses anges tête nue. On l'assura charitablement qu'il perdait l'esprit.

Ce jour-là, Sandro était d'humeur joyeuse. Les deux histoires qui suivent sont d'une nature plus farouche.

Un tisseur de drap s'était établi contre l'atelier de Botticelli, « dont les murailles n'étaient pas bien solides ». Huit métiers, par leur trépidation rythmée, secouaient la maison chancelante de Sandro, qui ne pouvait plus travailler en paix et redoutait la chute de son logis. Aux plaintes de l'artiste, l'artisan répondait « qu'il était le maître chez lui ». Alors Sandro fit placer sur la crête de son mur, qui dominait le toit du tisserand, une pierre énorme, « plus lourde que la charge d'une charrette ». A la première secousse sérieuse, elle écraserait le toit, la boutique, les métiers et le voisin. « Je suis maître chez moi », répondit fièrement le peintre aux plaintes du pauvre diable. « Il fallut en venir à un accord raisonnable » et faire bon voisinage à Sandro.

Invention ingénieuse, je le veux, d'un propriétaire effaré. Mais que dire de ce mauvais tour joué à « un sien ami » ? Il accusa cet homme, près du vicaire de l'Inquisition, de la vieille hérésie qui travaillait Florence depuis le XIᵉ siècle, l'incrédulité épicurienne, la négation de la survivance de l'âme. Le prétendu hérétique voulut être confronté avec son accusateur et, en présence de Sandro, dit à l'Inquisiteur : « Oui, j'ai cette opinion pour l'âme de celui-ci, qui est une bête ; c'est bien lui l'hérétique, puisque, sans lettres, et sachant à peine lire, il ose commenter Dante et citer son nom en vain ».

Botticelli, cette fois, perdait la partie; mais il l'avait engagée avec une réelle perversité. Les jugements du Saint-Office aboutissaient facilement alors au bûcher. Il est intéressant de retrouver ici encore la trace de Dante. Le poète possédait en ce temps toute la pensée du peintre et gouvernait son génie.

V

Un jour, en cette même période de sa dévotion à l'Alighieri, la grande famille florentine des Pucci lui demanda un souvenir, pour le mariage de Lucrezia Pucci avec Pierfrancesco Bini, en 1487. Il pouvait, pour la joie de l'épousée, réveiller les nymphes dansantes de la *Primavera*, les anges florissants de la *Vierge au Magnificat*. Il prit dans Boccace un conte macabre, l'histoire de Nastagio degli Onesti, en tira quatre petits tableaux, dont un seul, le moins triste, le banquet nuptial, peut être considéré comme son ouvrage. Les trois autres, d'après ses exquisses, sont de ses élèves. Mais à lui seul revient l'honneur de cette imagination toute dantesque, *pittura molto vaga e bella*, dit Vasari, qui permet de comprendre l'état d'âme de Sandro, aux environs de l'année 1490.

Ces tableaux quittèrent, en 1892, la galerie Leyland, à Londres. La trace en est momentanément dérobée. Nous les connaissons par la photographie.

Écoutons d'abord Boccace :

Un jeune gentilhomme de Ravenne, Nastagio degli Onesti, soupirait pour une jeune fille de la famille Traversari, vainement. La charmante enfant prenait ses cadeaux et refusait son cœur. Désespéré, Nastagio se retire dans la *Pineta*, en ermite. Un vendredi, comme il vague sous les pins, il entend le cri de détresse d'une jeune femme et voit bientôt, courant vers lui, une jeune fille nue, les cheveux en désordre, poursuivie par deux dogues. Le corps de la malheureuse, déchiré par les ronces, est déjà tout sanglant. Plus loin, monté sur un cheval noir, tenant à la main un poignard, apparaît un cavalier vêtu de noir. Le bon Nastagio s'élance au secours de la demoiselle; le cavalier l'arrête en lui contant la chose la plus imprévue :

« J'aimais cette femme, Nastagio, comme tu aimes la fille des Traversari. Elle m'a repoussé et désespéré. Je me suis tué. L'Enfer m'a pris. Elle-même, mourant bientôt sans s'être repentie de sa malice, m'a rejoint en Enfer. Chaque jour, je lui fais la chasse sur la terre, tantôt en un lieu, tantôt en un autre. Chaque vendredi, c'est ici, dans la *Pineta*, que je me venge. Laisse-moi faire, Nastagio, et regarde. »

Le noir chasseur a rejoint la malheureuse. Mordue par les deux dogues, elle tombe, la face contre terre. Le cavalier descend de cheval, d'un coup de poignard ouvre le flanc de la jeune fille, arrache le cœur et les entrailles et les jette à ses chiens qui dévorent l'affreuse dépouille. Mais voici la merveille de l'histoire : tout à coup, le lamentable débris humain se ranime, se redresse, et la damnée, intacte et rapide, s'enfuit à travers les pins vers la mer. Le cavalier et les chiens reprennent derrière elle leur course furibonde et disparaissent dans le désert mélancolique de Saint-Apollinaire-in-Classe.

Or, l'ingénieux Nastagio vit, en cette horreur, le moyen de hâter ses noces. Le vendredi suivant, il invitait à un festin champêtre, dans la *Pineta*, tous les Traversari, faisait asseoir la jeune dédaigneuse au bon endroit, en face du fourré par où déboucheront les hôtes de l'Enfer. Et la chevauchée fantastique, l'affreuse boucherie, le discours du noir chasseur, la résurrection des lambeaux de chair sanglante troublèrent l'agrément de la fête, mais firent réfléchir la jeune Traversari, qui craignait l'Enfer comme le feu. Deux jours plus tard, le mariage était célébré. Et, depuis ce temps, ajoute Boccace, jamais plus les dames de Ravenne ne furent cruelles.

VI

Tel fut le thème des quatre petites peintures offertes par Botticelli à la jeune Lucrezia Pucci, pour en égayer la chambre nuptiale. Ne voyez pas ici une fantaisie lugubre de rapin. Ce conte du *Décaméron* répondait à l'une des plus tenaces préoccupations du moyen âge. Les théologiens et les poètes cherchèrent jadis la solution d'un problème fort épineux : comment le feu de l'Enfer ne détruit-il pas le damné, mettant ainsi lui-même fin au supplice ? Depuis une douzaine de siècles, on méditait sur cette difficulté. Les superstitions populaires, les cauchemars des visionnaires, vinrent en aide aux abstracteurs de quintessence. Vincent de Beauvais reçut d'un cistercien du xii° siècle, Elinandus, l'aventure suivante. Un charbonnier vit, une nuit, en pleine forêt, accourir à lui une femme nue, suivie d'un cavalier monté sur un cheval noir. La femme, percée d'un coup de glaive, fut jetée par l'homme dans la fosse ardente du charbon. Puis, sortie vivante de la fournaise et mise en selle, elle disparut avec le chasseur.

Ainsi fut expliquée, pour le contentement des docteurs et des simples, l'éternité des peines. Le damné, dévoré, brûlé, écartelé, réduit en cendres, renaissait éternellement. Le miracle apparaît, dans la *Commedia* de Dante, avec d'effroyables variations. Botticelli le prit dans Boccace. Mais, ce jour-là, il était entré, par une des poternes de l'*Enfer*, dans les jardins fleuris du *Décaméron*.

Le premier tableau contient trois scènes dont Nastagio est, à gauche, le spectateur effrayé. Au premier plan, le chasseur diabolique, penché sur la victime étendue, face contre terre, lui ouvre le dos; près de lui, son cheval blanc, d'attitude sculpturale; plus loin, à droite, deux dogues, un noir et un blanc, achèvent d'engloutir les tristes débris; enfin, tout au fond, au bord de la mer, la chasse recommence. C'est le premier vendredi de Nastagio. Au second tableau, la jeune fille nue, harcelée par un chien, les bras suppliants, court vers deux Traversari qui paraissent peu empressés à la secourir; d'un côté accourt l'affreux cavalier, à cheval, l'épée haute, de l'autre, parmi les grands arbres, quelques invités conversent paisiblement. Le troisième tableau est vraiment pathétique. La malheureuse, tenue aux cuisses par deux chiens, toujours suivie par le damné, court le long de la table en équerre où sont les hôtes de Nastagio, les cavaliers d'un côté, les dames de l'autre. La compagnie se lève avec des gestes d'effroi. Nastagio, debout près de la jeune fille, explique le mystère aux Traversari.

A ces trois peintures, les élèves de Sandro donnèrent un fond de paysage marin plus large, plus lumineux que le maître n'en figurait d'habitude : la mer, très claire, très calme, épandue au delà de pins majestueux, des rivages découpés, des collines, des promontoires de rochers, des barques voguant sur les ondes.

Le dernier tableau est plus aimable. Ce sont les noces de Nastagio. Sous un haut portique en plein air, d'architecture somptueuse, fermé, au fond, par un arc de triomphe, sont disposées deux longues tables parallèles, l'une pour les seigneurs, l'autre pour les dames : à droite et à gauche, à l'entrée du portique, se présentent les échansons avec de grands gestes de cérémonie. Ces Onesti et ces Traversari semblent fort heureux, mais avec gravité comme des personnes qui viennent de recevoir des nouvelles directes de l'Enfer. En face de la mariée vêtue de blanc, seul, de ce côté de la table, est assis Nastagio, incliné vers la belle, très empressé. Plusieurs têtes de femmes dénoncent, par l'ovale de leur visage et leur chevelure, le pinceau même de Botticelli.

Cette fête patricienne, si riche de couleurs et d'une si parfaite ordonnance, ce festin digne de la villa Careggi, fut le dernier hommage rendu par Sandro à cette civilisation médicéenne dont le déclin était si proche, hommage entrecoupé d'ombres funèbres.

VII

Le 8 avril 1492 mourait Laurent le Magnifique. Le 6 août de la même année Rodrigo Borgia était élu Souverain-Pontife. Pour Florence, pour Rome, l'Italie et la chrétienté, ces deux événements sont de première importance historique. La politique italienne perdait son modérateur. Florence tombait aux mains des Médicis médiocres, souvent cruels, sans cesse chassés, sans cesse restaurés par les armes ou le patronage de l'étranger et qui ne gouvernaient plus que par la terreur. Après Sixte IV, qui chercha pour sa famille des alliances princières et des fiefs ravis par la violence; après Innocent VIII qui se contenta de gorger d'or ses fils et ses neveux et abandonna sa métropole au brigandage des cardinaux et des spadassins, Rome et la péninsule devenaient la proie d'un pape qui épouvanta le monde par ses désordres, inventa un népotisme effréné, permit à son fils César le fratricide de se ruer sur les plus riches provinces, de conquérir, par une guerre d'extermination, des seigneuries et des duchés, de rêver insolemment la couronne d'Italie et peut-être la tiare pontificale. Les bons chrétiens se demandaient avec angoisse si Dieu ne livrait point son Église au Démon et si l'heure n'était pas venue où l'Antéchrist déchaîné soufflerait sur la lampe de l'autel.

Or, dans le même temps, le principat italien, fondé sur l'usurpation, soutenu par les pires excès du despotisme, étalait toute sa perversité et tous ses dangers. Chaque prince, et le Pape plus que les autres, paraissait l'ennemi commun : ils ne s'entendaient guère que pour haïr Venise, république aristocratique, dernier asile de la liberté. Sixte IV avait façonné l'Italie à l'impudeur d'une politique qui n'avait d'autre diplomatie que la trahison. Aux deux extrémités de la péninsule, les Sforza et les Aragons tramaient de s'arracher l'hégémonie de l'Italie. Ludovic le More, le plus illégitime de tous ces tyrans, qui, par les sentiers des Alpes, détenait la clef de l'Italie, se tournait visiblement du côté de l'étranger. Appellerait-il l'Empereur ou le roi de France? Du Pape, on n'attendait que perfidie et scandale. Ludovic disait : « Quand viendra l'estafette qui m'apportera la nouvelle : le Pape est décapité? » Et quelques Italiens à l'oreille fine entendaient déjà au loin le roulement sourd de l'invasion.

C'est alors que parut à Florence, où s'éteignaient les derniers rayons de la splendeur médicéenne, le moine extraordinaire qui, prévoyant les catastrophes imminentes, se fit, avec l'impétuosité des vieux Prophètes d'Israël, le héraut de la conscience chrétienne, le Verbe du Dieu vivant. Savonarole crut à sa mission et la poursuivit, durant sept années, jusqu'au martyre. Il voyait le christianisme agonisant, l'Église avilie et ne craignit point de dénoncer le Pape, « qui ne croyait pas en Dieu »,

Alexandre, « cette vieille ferraille, *ferro rotto* ».
Et tous ces princes étaient athées. Ferdinand
de Naples mourait en 94, dit le chapelain
Burchard, « *sine luce, sine cruce, sine Deo* ».
Le frère Jérôme leur cria que bientôt on les
traînerait, comme bêtes de cirque, un anneau
de fer au nez. Florence, toutes les villes, tous
les clercs, tous les moines, tous les adolescents,
toutes les femmes, avaient abandonné les voies
de Dieu. « Vous êtes, disait-il aux jeunes
garçons et aux jeunes filles, les vaches grasses
de Samarie, *vaccae pingues in Samaria!* » Il
leur montrait les saints patrons de l'Italie,
saint Jean, saint Marc, saint Paul, accourant
du ciel, formidables, pour flageller leurs villes.
Il voyait en rêve une croix noire dressée sur
Rome. Florence s'abîmait dans la luxure : il
l'obligeait à faire pénitence, à se frapper la
poitrine, à brûler, en 96 et 97, autodafé
solennel, extravagant, les tableaux, les meubles
élégants, les manteaux de cour, les parures de
femmes, le *Morgante maggiore* et le *Décaméron*, au chant du *Te Deum*.

Au petit peuple envieux, au peuple des vanu-pieds, des *Ciompi*, il promettait le partage des biens, la misère des riches, l'incendie des palais, la tête des seigneurs. Il prédisait la peste, la guerre, la famine, les morts pourrissant dans les rues, une pluie d'épées et de couteaux tombant sur la péninsule, des Alpes à l'Etna, Florence détruite, Rome détruite, les barbares massacrant, brûlant toute l'Italie, pour la punir de ses apostasies. « En vain, clamait-il, tu fuiras à droite, à gauche, partout sera le fléau ; tu verras partout des ténèbres et ne sauras plus où cacher ta tête. Ténèbres ici, ténèbres là, toute chose troublée, la terre troublée, le ciel troublé, le soleil, la lune, les anges troublés, Dieu troublé ! » Il présidait sa fin tragique : « Je sais bien qu'on se lèvera contre moi en criant : « *Hic est reus mortis !* A mort ! à mort ! tuons-le ! »

Il créa donc une Église monacale, une Église de visionnaires, une chrétienté d'ascètes en face de l'Église pontificale. Il demandait la réforme de l'Église, la convocation du concile, la déposition d'Alexandre VI. A Poggibonsi, dans le tumulte joyeux du camp français, il supplia Charles VIII de réformer Rome, sous peine d'être châtié par Dieu. Il fut ainsi quelque temps le maître révolutionnaire de Florence, la terreur du pape Borgia. Quand il parlait dans la chaire de Sainte-Marie-de-la-Fleur, la multitude frappait du front le pavé de la cathédrale, sanglotant, criant miséricorde. Ses fidèles s'appelaient eux-mêmes les *Pleureurs*, *Piagnoni*, du nom que l'on donnait aux noirs Pénitents chargés des veillées mortuaires.

VIII

Botticelli s'enrôla en ce monde mélancolique
des *Piagnoni*. Son adhésion à l'Église de
Savonarole ne fut point l'effet d'une soudaine
révélation. Il ne tombait point sur un chemin
de Damas. Depuis tant d'années, une veine de
tristesse inquiète se creusait en sa conscience,
que l'expérience amère de la vie avait sans
cesse élargie. La Rome de Sixte IV lui révélait
la Rome d'Alexandre VI. Il avait rencontré
maintes fois, dans les corridors du Vatican,
Riario, le cardinal des Pazzi. Les tercets de
l'*Inferno* lui semblaient les textes les plus
appropriés aux sombres homélies de l'impérieux dominicain. Sa sensibilité meurtrie, son
imagination peuplée d'images tourmentées,

l'attente des jours funèbres achevèrent la vocation dernière de son génie et de sa foi.

Déjà, dans les œuvres qu'il peignit vers la fin du Magnifique, l'art de Sandro s'altère et perd de son charme. Dans l'*Annonciation* (Offices) destinée aux moines de Cestello, pour une chapelle consacrée le 26 juin 1490, l'attitude de la Vierge debout, comme prête à s'enfuir, courbée, les mains projetées en un geste d'humble résignation, est gauche, mal équilibrée ; l'Ange agenouillé, haletant, dont les ailes palpitent encore et qui regarde ardemment la Madone, est une figure autrement heureuse. Mais le dessin des deux personnages est lourd et dur, les couleurs froides et criardes ; le rouge de la robe angélique, le manteau bleu de Marie se répondent en une note déplaisante, les traits de lumière dorée se sont évanouis. Par la haute porte ouverte de l'oratoire, le paysage, avec sa petite rivière, les murailles lointaines d'une ville et le grand arbre solitaire du premier plan, apparaît grisâtre comme en un soir de novembre.

Le 18 mai 1491, Laurent de Médicis fit

confier à Sandro, concurremment avec Domenico et Davide Ghirlandajo, la peinture en mosaïque de la chapelle dédiée à l'évêque de Florence saint Zénobi, à Sainte-Marie-de-la-Fleur. De cette entreprise il nous reste les petits panneaux de Botticelli, deux à Florence, au palais Rondinelli, un à la Galerie de Dresde, deux à Londres, dans la collection Mond. Au premier tableau de Florence, une rue, un portique contiennent quatre scènes : Zénobi quittant sa famille, le Baptême du saint, le saint baptisant, le saint officiant comme évêque, scènes vivantes, sans excès de mouvements. Le second tableau représente les miracles de Zénobi : devant une *loggia*, un possédé délivré du démon; à Rome, sur une place, le fils d'une veuve ressuscité, un mort ressuscité à l'entrée de Rome. Ici, la trépidation des gestes et des poses est remarquable. Au tableau de Dresde, nous voyons, en trois actes, un enfant écrasé par un char, puis porté par sa mère, puis ressuscitant à l'église voisine, enfin, la mort du saint évêque. Coloration grise et crue, tension dramatique des attitudes, corps allongés outre mesure, le pinceau de Sandro paraît manié d'une main fébrile. De même, dans l'*Histoire de Virginie* (Galerie Carrara, à Bergame), et le *Serment des vengeurs de Lucrèce* (en Amérique), l'architecture raffinée, presque classique, pareille au décor de la *Calomnie*, contraste avec l'agitation de ces figures romaines, auxquelles siérait mieux la tenue pondérée de bas-reliefs antiques.

Quelques critiques inclinent à penser que les vues de Savonarole sur l'art purent modifier le goût de Botticelli et précipiter l'évolution finale de son talent. Mais l'esthétique du fougueux prêcheur était si enfantine et si pauvre; il repoussait avec un effarement si monacal toute apparence de paganisme, de sensualité, condamnait si rudement, en citant Aristote, la nudité, dédaignait si fort la grâce des formes pour ne plus s'en tenir qu'à la beauté spirituelle, à la pureté de l'âme pénétrant l'enveloppe matérielle! Pour lui, l'idéale peinture était toujours dans les figures agenouillées, extatiques, très chastes, dont Frà

Angelico peupla les cloîtres et les cellules de San Marco. Il revenait volontiers en ses sermons à la doctrine de la « *bellezza quasi angelica* », favorable, sans doute, aux Madones de Sandro, mais qui eût été mortelle à la *Primavera*. Il ne craignait pas de dire à ses fidèles : « Prends une femme, aussi belle que possible ; si, par malheur, un démon entre en elle, tu verras comme elle aura pour toi une face tout autre, plus épouvantable que belle ». Il exposait, en ses homélies sur l'Épitre de saint Jean, la théorie de l'éblouissement mystique causé par la beauté de Jésus, de la Vierge, des saints les plus purs, tels que saint Benoît : « A sa vue, Totila, roi des Goths, tomba le visage contre terre, comme s'il avait regardé une chose divine ». D'autres fois, aux humbles *Piagnoni* venus de leurs échoppes, il enseignait les bienfaits de l'imagerie édifiante : « Le premier tableau qu'il faut avoir chez toi, c'est un paradis par le haut et l'enfer au-dessous ; place-le dans ta chambre, de façon à l'avoir sans cesse sous les yeux. Le second tableau est celui d'un malade, avec la Mort qui frappe

à la porte. Enfin, fais peindre un malade dans
son lit, qui, à la dernière heure, se repent de
ses péchés. » En dehors des représentations
sacrées de l'art ecclésiastique, toute peinture
était, selon lui, prestige et séduction de Satan,
et les adolescents de la milice inquisitoriale
formée par le frère Jérôme avaient mission de
pénétrer dans les maisons, afin d'y enlever
l'*anatema*, la malédiction attachée aux symboles diaboliques du paganisme.

IX

Botticelli avait l'esprit trop libre pour se
plier à cette esthétique monacale. Il ne pouvait
se résigner ni à la peinture d'âme aimée des
contemplatifs, ni à l'art béat, bon pour les
petits confrères des Tiers-Ordres franciscain ou
dominicain. Remarquez, d'ailleurs, qu'aucun
des grands peintres, sectateurs de Savonarole,
ne consentit à une telle abdication, ni Baccio
della Porta, ni Michel-Ange, ni Lorenzo di
Credi. Quant à Sandro, après la mort du
Magnifique, après l'entrée de Charles VIII à
Florence et la chute de Pierre de Médicis,
désemparé, assombri, s'il passa, avec la cour
philosophique de Laurent, avec Politien, Marsile Ficin, Pic de la Mirandole, au parti du

réformateur, c'est au Prophète, au grand despote religieux, au visionnaire tragique qu'il se rallia. Puisque l'heure était venue pour lui de renoncer à la grâce sensuelle de la Renaissance florentine, aux nymphes mythologiques, aux anges trop charmants, c'est le perpétuel *Dies iræ* du moine qu'il lui convenait d'accepter comme inspiration de ses dernières œuvres.

Les tableaux que j'étudiais tout à l'heure témoignent déjà de la nervosité maladive de Sandro. Nous avons perdu le saint François qu'il peignit à fresque, en 96, pour les nonnes de Monticelli. Mais deux peintures profondément pathétiques de ce même temps, pénétrées de tristesse, même de désespérance, nous ont été conservées : l'*Ensevelissement du Christ*, de la galerie Poldi Pezzoli, à Milan, et la *Déposition de Croix* de la Pinacothèque de Munich.

Deux scènes sépulcrales. Dans le petit tableau de Milan, la Vierge, évanouie entre les bras de saint Jean, retient sur ses genoux le corps de son fils ; une sainte femme, démesurément allongée, éplorée, soulève le visage du mort; une autre, prosternée, comme écroulée sur elle-même, étreint les pieds de Jésus; une troisième sanglote, la face entre ses mains. Au fond, derrière un disciple montrant la couronne d'épines, l'entrée ténébreuse du tombeau.

La *Déposition* de Munich est d'un effet plus lugubre encore. Ici, le tombeau, taillé parmi des roches, a l'aspect sinistre d'une caverne. Marie, les yeux clos, le visage mort, soutenue par l'apôtre bien-aimé, la femme debout, chancelante, à la gauche de la Vierge, les deux saintes agenouillées à la tête et aux pieds du Seigneur, saint Jean-Baptiste, saint Pierre, saint Paul, l'Église de Jérusalem, la primitive Église des Gentils, vêtus de deuil, enveloppés de grandes ombres noires, n'est-ce point, un soir de Vendredi saint, en quelque sanctuaire du *popolino* florentin, un groupe de *Piagnoni*, adorant le Crucifix couché sur le pavé nu de la chapelle, avec l'enfantine lamentation des pauvres gens, faite de tendresse, de détresse éperdue et de très longues souffrances?

Peut-être en ces mêmes années si tristes de Botticelli, le Pérugin, loin de Florence, loin de Savonarole, peignait-il, dans la paix mystique de sa vieille cité, la *Pietà* du palais Pitti, tout éclairée d'un sourire d'espérance, où le printemps même de l'Ombrie semble fêter la résurrection prochaine, avec ses prairies et ses fleurs, ses bouquets d'arbres, sa rivière et ses collines lointaines, baignées de soleil, dont les cimes se perdent dans le bleu du ciel.

Déjà Florence, la Seigneurie, les grands bourgeois, les clercs, les moines augustins, las du tyran dominicain, soulevaient contre les *Piagnoni* les haines toujours plus menaçantes des *Arrabiati*. Sandro essaya-t-il alors de se distraire de ces jours troublés, en revenant aux inspirations sereines du passé, à la *Vierge au Buisson de roses*, à l'*Adoration des Mages*? Mais il était trop tard. Sa *Madone* du Pitti est toujours une *Mater Dolorosa*. Elle incline vers saint Jean, le Bambino, et les deux enfants s'embrassent comme pour un adieu éternel. L'*Adoration* reléguée au Dépôt des Offices, repeinte, gâtée aux xvie et xviie siècles par d'impitoyables restaurateurs, est une scène de dévotion tumultueuse, presque convulsionnaire. Aux pieds de la Sainte Famille, les rois, à genoux, répondent encore à la grave tradition hiératique ; mais, à droite et à gauche, se presse tout un monde qui semble en délire. Les corps se courbent, se jettent en avant, se tordent, bras raidis, mains triomphantes ou suppliantes, tendues vers le ciel, vers le Christ, vers les Mages. Celui-ci, ébloui, épouvanté, se voile les yeux ; celui-là, un vieux à barbe blanche, détourne la tête, éclate en sanglots. N'entendez-vous pas courir sur cette foule la complainte des *Pleureurs*, le chant liturgique qui résonnait spontanément autour de la chaire de Jérôme : *Parce Domine, parce populo* ?

Près de saint Joseph se tient un homme en manteau noir, Savonarole.

X

Si le frère Jérôme s'était heurté seulement à
l'hostilité grandissante des Florentins, des Arts
Majeurs, l'exil eût été l'unique rançon de
son apostolat. Mais ce moine troublait le
sommeil d'Alexandre VI. L'appel perpétuel au
concile, la menace de la déposition exaspéraient
les Borgia. L'ambition de César devenait alors
l'effroi de Florence. Et Florence, qui avait
bravé les anathèmes de Sixte IV, livra le
réformateur aux violences d'une émeute, à la
procédure d'une accusation d'hérésie. Savonarole fut condamné, sur la plainte de l'Église,
à la potence plantée sur un bûcher.

Botticelli fut-il le témoin du drame dont le
tableau de Pollajuolo, conservé au couvent
de Saint-Marc, nous a transmis le souvenir?

A-t-il entendu les cris féroces des *Arrabiati*, la clameur aiguë des *Piagnoni*; a-t-il vu la populace jeter des pierres à la face de la victime à demi brûlée, et les femmes prophétisant et se roulant sur le pavé de la Seigneurie? Tout au moins la pensée suprême du martyr demeura-t-elle gravée en son cœur. L'évêque de Vasona, au moment de la dégradation sacerdotale, dit à Savonarole :

« Je te prive et te sépare de l'Église militante et triomphante !

— De la militante, monseigneur, répondit Jérôme, mais non pas de la triomphante ! »

Sandro attendit deux années encore, méditant cette fière parole. Puis il reprit ses pinceaux et fixa sur la toile le testament de sa foi et l'apothéose de son ami.

Étrange tableau, d'un symbolisme transcendant, cette *Nativité* de la Galerie Nationale de Londres. Au centre de la composition, sous l'auvent d'une grotte, voici la Sainte Famille, l'Église naissante dans les pleurs, en plein vent d'hiver; l'Enfant nu, couché sur la paille, devant l'âne et le bœuf; d'un côté, la Vierge inclinée, les mains jointes; de l'autre, saint Joseph assis, la tête entre ses bras; à droite et à gauche, les Mages, des pèlerins, des anges, des bergers, pêle-mêle, tenant des branches; sur le toit, trois anges agenouillés, couronnés de fleurs, chantent le *Gloria in excelsis*. Tout en bas, dans la vallée de larmes, parmi les rochers et les ronces, c'est l'Église militante : trois fils de saint Dominique marchent sur les démons terrassés et tombent dans les bras de trois anges qui les embrassent; aux branches qu'ils portent est attachée cette parole : *Hominibus bonæ voluntatis!* Ce sont les trois moines que Rome et Florence avaient fait mourir, Savonarole, Domenico Buonvicini, Silvestro Maruffi. Et tout en haut, dans le ciel entr'ouvert, ruisselant d'or, douze anges dansent en rond, solennels; aux branches d'olivier qu'ils élèvent pendent les couronnes réservées aux confesseurs. C'est l'Église triomphante, l'Église éternelle, qu'entrevoyait Jérôme marchant au supplice, sous les outrages et les blasphèmes de son peuple.

Une inscription en langue grecque, mystérieuse, se lit encore sur le bord supérieur, éraillé, de la toile : « Ce tableau fut peint à la fin de l'année 1500, pendant les troubles de l'Italie, par moi, Alessandro, vers le milieu de la période au début de laquelle se vérifia le XI° chapitre de saint Jean l'Évangéliste, et la seconde douleur de l'Apocalypse, lorsque Satan se déchaîna sur la terre pour trois années et demie. Passé ce terme, le Démon sera enchaîné et nous le verrons foulé aux pieds comme dans ce tableau. »

Quelques mois auparavant, une nuit d'hiver, près du feu de l'atelier, Sandro demandait à Dolfo Spini, l'un des plus acharnés *Arrabiati*, pourquoi l'on avait infligé au Prophète une mort ignominieuse. « Sandro, dit Spini, faut-il dire la vérité? Nous n'avons jamais trouvé en cet homme même un péché véniel... Mais, si nous l'avions renvoyé à Saint-Marc, la populace nous aurait taillés en pièces. Nous prîmes le parti, pour nous tirer d'affaire, de le mettre à mort. » Triste paraphrase du mot douloureux de l'Écriture : « Il faut qu'un homme meure pour le salut du peuple ».

XI

Ce grand siècle expirait. César Borgia saccageait l'Italie. La civilisation florentine se voilait. Les fidèles du Frère Jérôme s'étaient enfuis de Florence. Baccio della Porta s'enfermait au couvent dominicain de Prato. Ambrogio, fils d'Andrea della Robbia, prenait à son tour le froc. Botticelli n'attendait plus rien de la vie. Il entra dans l'ombre. Il vieillissait solitaire, oublié. Il ne s'était point marié. A Tommaso Soderini, qui l'engageait à prendre femme, il avait un jour répondu : « L'autre nuit, je rêvais que j'étais marié; je me réveillai avec un tel chagrin que je ne pus me rendormir. Je me levai et errai jusqu'au jour dans Florence, comme un possédé. »

« Il avait toujours négligé ses affaires, dit

Vasari, et tout alla mal pour lui. » Il connut l'amertume des souvenirs heureux et put méditer, à son foyer désert, sur la parole mélancolique de Dante :

Nessun maggior dolore
Che ricordarsi del tempo felice
Nella miseria.

La pauvreté, la maladie s'assirent à son chevet. « Il devint vieux et inutile, écrit encore Vasari ; il cheminait sur deux béquilles, car il ne pouvait plus se tenir droit. Il mourut infirme et décrépit. »

Épitaphe assez touchante, qu'on devrait inscrire sur la pierre de sa tombe, à l'église d'Ognissanti, où il fut enseveli en l'année 1510.

NOTICE

d'après le catalogue de **M. Hermann Ulmann**, des plus remarquables parmi les ouvrages authentiques de Botticelli et des œuvres de sources douteuses, *botticellesques* par leur physionomie générale, qui portent la marque de l'école de Sandro, et doivent être attri-buées à ses élèves.

OUVRAGES AUTHENTIQUES
DE BOTTICELLI

ITALIE

Florence.

ACADÉMIE DES BEAUX-ARTS.

La *Primavera*.

La *Vierge au trône*, avec l'Enfant, sainte Catherine, sainte Madeleine, saint Jean-Baptiste, saint François, saint Cosme, saint Damiens.

Le *Couronnement de la Vierge* entourée d'un chœur d'anges danseurs.

La Predella de ce tableau, avec saint Jean à Pathmos et saint Augustin dans son cabinet de travail.

La *Vierge au trône*, avec l'Enfant, deux Anges, sainte Catherine, saint Augustin, saint Barnabé, saint Jean-Baptiste, saint Ambroise, saint Michel.

Une *Pietà*.

Salomé portant la tête de saint Jean-Baptiste.

Une scène de la légende de saint Augustin.

Une scène de la légende de saint Ambroise.

PALAIS PITTI.

Portrait de femme.
La Vierge avec l'Enfant et saint Jean.

OFFICES.

Naissance de Vénus. (L'*Anadyomène.*)
La *Vierge aux Nuées.*
Portrait de Piero di Lorenzo de Medici.
Judith et sa servante.
Découverte du cadavre d'Holopherne.
Saint Augustin dans son cabinet.
La *Calomnie.*
La *Vierge au Magnificat.*
L'*Adoration des Mages.*
La Vierge avec l'Enfant et six Anges.
La *Fortezza.*
La *Vierge au buisson de roses.*
L'*Annonciation.*
Les *Rois Mages.* (Tableau en ruines.)

HOPITAL DES INNOCENTS.

La Vierge avec l'Enfant et un ange.

MUSÉE DE SANTA MARIA NUOVA.

La Vierge avec l'Enfant, saint Jean et les Anges.

ÉGLISE D'OGNISSANTI.

Saint Augustin (fresque).

PALAIS ANTINORI.

Adoration de l'Enfant. (La Vierge, saint Joseph, Les Bergers.)

PALAIS CAPPONI.

Communion de saint Jérôme.

PALAIS CORSINI.

La Vierge avec l'Enfant.
L'Annonciation.

PALAIS GINORI.

La Vierge avec l'Enfant.

PALAIS RONDINELLI.

Deux épisodes de la Légende de San Zenobio.

Rome.

CHAPELLE SIXTINE.

Scènes de la vie de Moïse.
La Tentation du Christ.
Moïse anéantissant Coré.
Portraits de Papes.

PALAIS BARBERINI.

Annonciation.

VILLA BORGHÈSE.

La Vierge, l'Enfant et six Anges.

Bergame.

ACADÉMIE CARRARA. GALERIE MORELLI.

Portrait de Julien de Médicis.
L'histoire de Virginie.

Milan.

AMBROSIANA.

La Vierge avec l'Enfant et les Anges

MUSÉE POLDI-PEZZOLI.

La Vierge à l'Enfant.
Ensevelissement du Christ.

Naples.

MUSÉE NATIONAL.

La Vierge avec l'Enfant et six Anges

Turin.

PINACOTHÈQUE.

La Vierge, saint Jean et un Ange.

ALLEMAGNE

Berlin.

MUSÉE ROYAL.

La *Vierge au Trône*, avec l'Enfant et les deux
saints Jean.

Portrait de Julien de Médicis.
Vénus.
Saint Sébastien.

GALERIE NATIONALE.

La Vierge, l'Enfant et huit Anges.

COLLECTION OSKAR HAINAUER

Portrait de jeune homme.

Dresde.

GALERIE.

Scènes de la Légende de San Zenobio.

Francfort-sur-le-Mein.

INSTITUT STAEDEL.

Tête de femme.

Munich.

VIEILLE PINACOTHÈQUE.

Mise au Tombeau.

AUTRICHE

Vienne.

ACADÉMIE.

La Vierge avec l'Enfant et deux Anges.

COLLECTION LANCKORONSKI.

La Vierge avec l'Enfant et saint Jean.

COLLECTION LIECHTENSTEIN.

Portrait de jeune homme.

ANGLETERRE

Brighton.

COLLECTION IONIDES.

Portrait de jeune femme.

Glasgow.

GALERIE DES BEAUX-ARTS.

Annonciation.

Londres.

GALERIE NATIONALE.

Adoration des Rois.
Vierge à l'Enfant.
Mars et Vénus.
Adoration des Rois.
Nativité.

COLLECTION ASHBURNHAM.

Serment des parents de Lucrèce.

COLLECTION HESELTINE.

La Vierge, l'Enfant et saint Jean.

COLLECTION MOND.

Scènes de la Légende de San Zenobio.

COLLECTION SALTING.

La Vierge et saint Jean adorant l'Enfant.

COLLECTION SEYMOUR.

Portrait de jeune femme.

COLLECTION WEMYSS.

La Vierge et l'Enfant.

FRANCE

Louvre.

La Vierge, l'Enfant et saint Jean.
La Vierge, l'Enfant et cinq Anges.
Les deux fresques Lemmi, Lorenzo Tornabuoni
et les Sciences scolastiques.
Giovanna Tornabuoni, Vénus et les Grâces.
Portrait de jeune homme.

COLLECTION ANDRÉ.

Le repos en Égypte.

COLLECTION LECLANCHÉI.

Portrait de femme.

RUSSIE

MUSÉE DE L'HERMITAGE.

Adoration des Rois.

ŒUVRES DE L'ÉCOLE DE BOTTICELLI

Le catalogue d'Ulmann mentionne 85 tableaux, ouvrages de ses élèves, ou même d'autres maîtres contemporains de Sandro. Je me bornerai à signaler les plus renommés d'entre eux.

ITALIE

Florence.

ACADÉMIE DES BEAUX-ARTS.

Tobie avec l'archange Raphaël. Restitué à Botticini.

Tobie avec les trois Anges. Restitué à Andrea del Verrocchio.

PALAIS PITTI.

Portrait d'homme. Attribué d'abord à Andrea del Castagno.

OFFICES.

Une Predella représentant le martyre de Pierre Martyr.

Adoration des Mages.

ORATOIRE DE SANT' ANSANO, PRÈS DE FIESOLE.

Quatre *Triomphes* allégoriques.

COUVENT DE LA QUIETE, PRÈS DE FLORENCE.

Couronnement de la Vierge.

PALAIS ALESSANDRI.

La *Vierge au Magnificat.* Copie du tableau des Offices.

PALAIS CORSINI.

Portrait d'homme. (Plutôt de l'Ecole de Polla-juolo.)

Gênes.

PALAIS ADORNO.

Quatre *Triomphes* allégoriques.

PALAIS BALBI.

Communion de saint Jérôme. (Copie du tableau du Palais Capponi, à Florence.)

Rome.

CAPITOLE.

La Vierge et deux Saints (restitué à Macrino d'Alba).

Naples.

MUSÉE FILANGIERI.

Portrait d'homme.

Vienne.

COLLECTION FABIO CHIGI.

La Vierge, l'Enfant et deux Anges.

Turin.

PINACOTHÈQUE.

Tobie et les Anges.
Triomphe de la Chasteté.

ALLEMAGNE

Berlin.

MUSÉE ROYAL.

Portrait de jeune homme. (Plutôt de l'école de Filippino Lippi.)
La Vierge, l'Enfant et les Anges porteurs de flambeaux.
Portrait de femme.

Dresde.

GALERIE.

La Vierge, l'Enfant et saint Jean.
La Vierge, l'Enfant et cinq Anges portant des roses.

Saint Jean l'Évangéliste.
Saint Jean-Baptiste.

ANGLETERRE

Liverpool.

ROYAL-INSTITUTION.

Ulysse et les Sirènes.

Londres.

NATIONAL-GALLERY.

Assomption de la Vierge. (Le tableau *hérétique*, l'*Assunta* peinte pour Palmieri. Restitué à Botticini.)

COLLECTION BUTLER.

Jugement de Pâris.

COLLECTION ROSEBERY.

Les *Quatre Saisons.*

COLLECTION WEMYSS.

La mort d'Adonis.

FRANCE

Chantilly.

Allégorie de l'Abondance (ou *de l'Automne*). D'après un dessin de Botticelli.

Portrait de Simonetta Vespucci. (Restitué à Piero di Cosimo.)

La Vierge, l'Enfant et un Ange. (École de Frà Filippo.)

LOUVRE.

La *Vierge au Magnificat*. (Copie.)
Vénus couchée et les Amours.
Une Predella.

COLLECTION BAUDREUIL

Pallas, tapisserie (reproduction probable d'après un dessin de Botticelli du tableau peint pour Laurent de Médicis.)

COLLECTION LA ROZIÈRE.

La Vierge, l'Enfant et saint Jean. (Analogue à un tableau de Santa-Maria-Nuova, à Florence.)

MUSÉES DE LILLE, DE MARSEILLE, DE ROUEN.

La *Vierge à l'Enfant*.

COLLECTION SPIRIDON.

Les quatre tableaux d'après le conte macabre de Boccace. Le quatrième, celui du festin nuptial, a une saveur *botticellesque* bien particulière.

TABLE DES MATIÈRES

763-07. — Coulommiers. Imp. Paul BRODARD. — 10-07.

Du Camp (M.) (suite) : *La croix rouge de France.* 1 vol.
— *Le crépuscule.* 1 vol.

Dugard (M.). *La société américaine;* 2ᵉ édit. 1 vol.
Ouvrage couronné par l'Académie française.

Ferry (G.) : *Le coureur des bois.* 2 vol.
— *Costal l'Indien.* 1 vol.

Filon (A.) : *Mérimée et ses amis.* 1 vol.
— *La caricature en Angleterre.* 1 vol.

Funck-Brentano : *Légendes et archives de la Bastille.* 1 vol.
— *Le drame des poisons.* 1 vol.
— *L'affaire du Collier.* 1 vol.
— *La mort de la reine.* 1 vol.
— *Les Nouvellistes.* 1 vol.

Gailly de Taurines (Ch.) : *Aventuriers et Femmes de qualité.* 1 vol.

Gaultier (Paul). *Le rire et la caricature.* 1 vol.
Ouvrage couronné par l'Académie française.

Gebhart (E.), de l'Académie française : *D'Ulysse à Panurge. Contes héroï-comiques.* 1 vol.

Larchey (L.) : *Les cahiers du capitaine Coignet* (1776-1850). 1 vol.

Larchey (L.) (suite) : *Journal du canon-nier Bricard* (1792-1802). 1 vol.

Liégeard (S.) : *Les grands cœurs, poé-sies.* 1 vol.
— *Au caprice de la plume.* 1 vol.
— *Rêves et combats.* 1 vol.

Mézières (A.), de l'Académie française. *Hors de France;* 1 vol.
— *Morts et vivants.* 1 vol.

Michelet (J.) : *L'oiseau;* 17ᵉ édit. 1 vol.

Millet (P.) : *La France provinciale. Vie sociale.* — *Mœurs administratives.* 1 v.

Ralston : *Contes populaires de la Rus-sie.* 1 vol.

Rosebery (Lord) : *Napoléon, la der-nière phase.* 1 vol.

Saintine (X.-B.) : *Picciola;* 1 vol.

Valbert : *Hommes et choses d'Alle-magne.* 1 vol.
— *Hommes et choses du temps présent.* 1 vol.

Verconsin : *Saynètes et comédies.* 2 vol.

2ᵉ SÉRIE, A 3 FR. LE VOLUME

Du Mesnil (A.) : *Souvenirs de lectures.* 1 vol.

Erckmann-Chatrian : *L'ami Fritz.* 1 vol.

Meunier (G.) : *L'Œuvre de Cherbuliez. Extraits choisis à l'usage de la jeu-*nesse, avec une notice sur la vie et les œuvres de l'auteur. 1 vol.

Robertet (G.) : *L'Œuvre de Lamartine. Extraits choisis à l'usage de la jeu-*nesse, précédés d'une notice sur Lamartine. 1 vol.

3ᵉ SÉRIE, A 2 FR. LE VOLUME

About (Edm.) : *L'homme à l'oreille cassée.* 1 vol.

Joliet (Ch.) : *Mille jeux d'esprit.* 1 vol.

Joliet (Ch.) (suite) : *Nouveaux jeux d'esprit.* 1 vol.

Zaccone : *Nouveau langage des fleurs, avec 12 gravures en couleur.* 1 vol.

4e SÉRIE, A 1 FR. LE VOLUME

About (Edm.) : *Alsace* (1871-1872). 1 vol.
— *Les mariages de Paris.* 1 vol.
— *Les mariages de province.* 1 vol.
— *La vieille roche :*
   1re partie: *Le mari imprévu.* 1 vol.
   2e partie : *Les vacances de la comtesse.* 1 vol.
   3e partie : *Le marquis de Lanrose.* 1 vol.
— *Le fellah.* 1 vol.
— *Tolla.* 1 vol.
— *L'infâme.* 1 vol.
— *Le Turco.* — *Le bal des artistes.* — *Le poivre.* — *L'ouverture au château.* — *Tout Paris.* — *La chambre d'ami.* — *Chasse allemande.* — *L'inspection générale.* — *Les cinq perles.* 1 vol.
— *Trente et quarante.* — *Sans dot.* — *Les parents de Bernard.* 1 vol.
— *Germaine.* 1 vol.
— *Maître Pierre.* 1 vol.
— *Madelon.* 2 vol.
— *Le roi des montagnes.* 1 vol.
— *Théâtre impossible.* 1 vol.

Barine (Arvède) : *Princesses et grandes dames.* 1 vol.

Bernardin de Saint-Pierre : *Paul et Virginie.* 1 vol.

Berthet (Élie) : *Les houilleurs de Polignies.* 1 vol.

Cherbuliez (V.), de l'Académie française : *Prosper Randoce.* 1 vol.
— *Paule Méré.* 1 vol.
— *Le roman d'une honnête femme.* 1 vol.
— *Meta Holdenis.* 1 vol.
— *Miss Rovell.* 1 vol.
— *Le comte Kostia.* 1 vol.
— *Samuel Brohl et Cie.* 1 vol.
— *L'aventure de Ladislas Bolski.* 1 vol.

Cherbuliez (V.) (suite) : *La revanche de Joseph Noirel.* 1 vol.
— *Noirs et rouges.* 1 vol.
— *La Ferme de Choquard.* 1 vol.
— *Olivier Maugant.* 1 vol.
— *La bête.* 1 vol.
— *La vocation du comte Ghislain.* 1 vol.
— *Après fortune faite.* 1 vol.
— *Une Gageure.* 1 vol.
— *L'idée de Jean Téterol.* 1 vol.
— *Amours fragiles.* 1 vol.
— *Le fiancé de Mlle Saint-Maur.* 1 vol.
— *Le secret du Précepteur.* 1 vol.
— *Jacquine Vanesse.* 1 vol.
— *Profils étrangers.* 1 vol.
Du Camp (M.): *Souvenirs littéraires.* 2 v.
Duruy (G.) : *L'Unisson.* 1 vol.
— *Victoire d'âme.* 1 vol.
Énault (L.) : *Alba.* 1 vol.
— *Nadèje.* 1 vol.
— *Christine.* 1 vol.
— *L'amour et la guerre.* 2 vol.
Filon (Aug.) : *Contes du centenaire.* 1 v.
— *Violette Mérian.* 1 vol.
— *Amours anglais.* 1 vol.
— *Vacances d'artiste.* 1 vol.
Gérard (Jules) : *Le Tueur de Lions.* 1 vol.
Kovalewsky (Sophie) : *Souvenirs d'enfance.* 1 vol.
Las Cases : *Souvenirs de l'Empereur Napoléon Ier.* 1 vol.
Marco de Saint-Hilaire (E.) : *Anecdotes du temps de Napoléon Ier.* 1 vol.
Poradowska : *Demoiselle Micia.* 1 vol.
Reybaud (Mme Ch.) : *Le moine de Chaalis.* 1 vol.
Tolstoï : *Souvenirs.* 1 vol.
Topffer (R.): *Nouvelles genevoises.* 1 vol.
— *Rosa et Gertrude.* 1 vol.
— *Le presbytère.* 1 vol.
— *Réflexions et menus propos d'un peintre genevois, ou Essai sur le beau dans les arts.* 1 vol.

PETITE BIBLIOTHÈQUE DE LA FAMILLE

PREMIÈRE SÉRIE

Format in-16, illustré, à 3 fr. 50 le volume broché.
Relié en percaline, tranches dorées, 5 fr.

Albérich-Chabrol : *L'Orgueilleuse Beauté.* 1 vol. avec grav.
— *L'Offensive.* 1 vol.
— *Part à deux.* 1 vol.
— *De peur d'aimer.* 1 vol.
— *Au plus digne.* 1 vol.
Armand-Blanc (May) : *Bibelot.* 1 vol. avec 44 gravures.
— *La maison des roses.* 1 v. avec 38 grav.
Beauregard(G. de): *Ordre du roi.* 1 vol. avec 58 gravures.
Béral (Paul) : *Le mirage.* 1 vol.
Caro (Mᵐᵉ E.) : *Aimer c'est vaincre.* 1 vol. avec 40 grav.
Crawford (Marion) : *Insaisissable amour.* 1 vol. avec 64 gravures.
— *Le baiser sur la terrasse.* 1 vol. avec 60 gravures.
Dourliac (A.) : *Le supplice d'une mère.* 1 vol. avec 35 gravures.
— *Liette.* 1 vol. avec 35 gravures.
Filon(Aug.). *Micheline.* 1 v. avec 15 grav.
Floran (Mary) : *Femmes de Lettres.* 1 vol. avec gravures.
Green (A. K.) : *L'affaire Leavenworth.* 1 vol. avec gravures.
Harraden (Béatrice) : *L'oiseleur.* 1 vol. illustré de 40 gravures.

Jewett (Miss) : *Le roman d'un Loyaliste.* 1 vol. avec grav.
Legrand (Mlle B.) : *L'eau dormante.* 1 vol. avec 30 gravures.
— *L'amour fait peur.* 1 v. avec 35 grav.
Lescot(Mme) : *Un peu, beaucoup, passionnément.* 1 vol. avec 38 gravures.
— *Fêlure d'âme.* 1 vol. avec 36 grav.
— *Vaines promesses.* 1 vol. illustré de 48 gravures.
Longard de Longgarde (Mme) : *Une reine des fromages à la crème.* 1 vol. avec 47 gravures.
— *Jouets du destin.* 1 vol. avec 44 grav.
— *Une réputation sans tache.* 1 vol. avec 44 gravures.
Morel (Jacques) : *Muets aveux.* 1 vol. avec 30 gravures.
Pape-Carpantier(Mlle): *Kernevez.* 1 vol. illustré de 36 gravures.
Rosny (J.-H.), de l'Académie des Goncourt : *Les Retours du cœur.* 1 vol. illustré de 56 gravures.
Winter : *Mademoiselle Mignon.* 1 vol.
Zeyss (Mlle L.) traductrice : *La Bienfaitrice.* 1 vol. avec gravures.

DEUXIÈME SÉRIE

Format petit in-16, à 2 fr. le volume broché.
Relié en percaline gris-perle, tranches rouges, 2 fr. 50.

Arthez (D. d') : *Une vendetta.* 1 vol.
Borius (Mlle) : *Une perfection.* 1 vol. Ouvrage couronné par l'Académie française.
— *Dernier rayon.* 1 vol.
Castetis (Yan de) : *Le moulin du diable.* 1 vol.
Chabrier-Rieder (Mme). : *Les écolières de Crescent-House.* 1 vol.
Dombre (R.) : *La garçonnière.* 1 vol.
— *Un oncle à tout faire.*
— *Les deux Parias.* 1 vol.
Fleuriot(Mlle Z.) : *La vie en famille.* 1 v.
— *Tombée du nid.* 1 vol.
— *Raoul Daubry,* chef de famille. 1 vol.
— *L'héritier de Kerguignon.* 1 v.
— *Réséda.* 1 vol.
— *Ces bons Rosaëc!* 1 vol.
— *Le cœur et la tête;* 3ᵉ édit. 1 vol.
— *Au Galadoc.* 1 vol.
— *Bengale.* 1 vol.
— *Sans beauté.* 1 vol.
— *De trop.* 1 vol.
— *La clef d'or.* 1 vol.

Fleuriot(Mlle Z.) (suite) : *Loyauté.* 1 v.
— *La glorieuse.* 1 vol.
— *Un fruit sec.* 1 vol.
— *Les Prévalonnais.* 1 vol.
— *Sans nom.* 1 vol.
— *Souvenirs d'une Douairière.* 1 vol.
— *Faraude.* 1 vol.
— *La Rustaude.* 1 vol.
— *Le théâtre chez soi.* Comédies et proverbes. 1 vol.
Fleuriot-Kérinou : *De fil en aiguille.* 1 v.
— *Zénaïde Fleuriot,* sa vie, ses œuvres, sa correspondance. 1 vol.
Girardin (J.) : *Les théories du docteur Wurtz.* 1 vol.
— *Miss Sans-Cœur.* 1 vol.
— *Les braves gens.* 1 vol.
— *Mauviette.* 1 vol.
Jeanroy (J.-B.) : *Le sac de riz.* 1 vol.
Maël (P.) : *Fleur de France.* 1 vol.
— *Le trésor de Madeleine.* 1 vol.
Toudouze (G.) : *Reine en sabots.* 1 v.

D'autres volumes sont en préparation.

BIBLIOTHÈQUE VARIÉE, FORMAT IN-16

À 3 FR. 50 LE VOLUME

ÉTUDES ET QUESTIONS HISTORIQUES

ARVÈDE BARINE (A.) : *Saint François d'Assise*.......... 1 vol.
La jeunesse de la Grande Demoiselle (1627-1652).......... 1 vol.
Louis XIV et la Grande Demoiselle (1653-1692).......... 1 vol.
Princesses et grandes dames (Marie Mancini, la reine Christine, etc.)..... 1 vol.

BERGER (Eug.) : *Le vicomte de Mirabeau (1754-1792)*.......... 1 vol.

BOISSIER, de l'Académie française : *Cicéron et ses amis*, 13ᵉ édit..... 1 vol.
La religion romaine d'Auguste aux Antonins, 5ᵉ édit.......... 2 vol.
Promenades archéologiques : Rome et Pompéi, 8ᵉ édit.......... 1 vol.
Nouvelles promenades archéologiques, Horace et Virgile, 5ᵉ édit..... 1 vol.
L'Afrique Romaine, promenades archéologiques en Algérie et en Tunisie, 3ᵉ édition.......... 1 vol.
L'opposition sous les Césars, 4ᵉ édit. 1 vol.
La fin du paganisme, 5ᵉ édit....... 2 vol.
Tacite, 3ᵉ édit.......... 1 vol.
La conjuration de Catilina.......... 1 vol.

BONET-MAURY (G.) : *Le congrès des religions à Chicago en 1893*...... 1 vol.
L'Islamisme et le Christianisme.... 1 vol.

BRUNET, député : *La France à Madagascar*, 3ᵉ édit................. 1 vol.

CHARMES, de l'Institut : *Études historiques et diplomatiques*........... 1 vol.

CHAVANON et **SAINT-YVES** : *Joachim Murat (1767-1815)*.......... 1 vol.

COYNART (Ch. de) : *Les malheurs d'une grande dame sous Louis XV*...... 1 vol.

DEHÉRAIN (H.) : *L'expansion des Boërs au XIXᵉ siècle*.......... 1 vol.

DIEULAFOY (H.), de l'Institut : *Le roi David*.......... 1 vol.

DU CAMP (M.), de l'Académie française : *Les convulsions de Paris*, 9ᵉ édition.......... 4 vol.

ESMEIN (A.), de l'Institut : *Gouverneur Morris*.......... 1 vol.

ESTOURNELLES DE CONSTANT (baron d') : *La vie de province en Grèce*.......... 1 vol.

FLEURY (comte) : *Les drames de l'histoire*.......... 1 vol.

FUNCK-BRENTANO (F.) : *Légendes et archives de la Bastille*, 7ᵉ édit.. 1 vol.
Ouvrage couronné par l'Académie française.
Le drame des poisons, 7ᵉ édit....... 1 vol.
L'affaire du collier, 5ᵉ édit........ 1 vol.

La mort de la reine, 4ᵉ édit.......... 1 vol.
Les nouvellistes, 3ᵉ édit.......... 1 vol.

GEBHART (E.), de l'Académie française : *L'Italie mystique*, 4ᵉ édit... 1 vol.
Moines et papes, 3ᵉ édit.......... 1 vol.
Au son des cloches, 3ᵉ édit.......... 1 vol.
Conteurs florentins du moyen âge, 3ᵉ édit.......... 1 vol.
D'Ulysse à Panurge, 2ᵉ édit.......... 1 vol.

GIRAUD (Ch.), de l'Institut : *La maréchale de Villars et son temps*.......... 1 vol.

GUIRAUD : *Fustel de Coulanges*. 1 vol.
Ouvrage couronné par l'Académie française.

HAURÉAU (B.), de l'Institut : *Bernard Délicieux et l'Inquisition albigeoise*. 1 vol.

HUBNER (comte de) : *Sixte-Quint d'après des correspondances diplomatiques inédites*, 3ᵉ édit.......... 2 vol.

JACQUIN (F.) : *Les chemins de fer pendant la guerre de 1870-1871*, 3ᵉ édit. 1 vol.

JULLIAN (G.) : *Vercingétorix*, 3ᵉ édition.......... 1 vol.
Ouvr. couronné par l'Académie française.

JUSSERAND (J.) : *La vie nomade et l'Angleterre au XIVᵉ siècle*....... 1 vol.
Ouvrage couronné par l'Académie française.
L'épopée mystique de William Langland,.......... 1 vol.

LANGLOIS (Ch.-V.) : *Questions d'histoire et d'enseignement*.......... 1 vol.
La société française au XIIIᵉ siècle. 1 vol.

LEROY-BEAULIEU (A.), de l'Institut : *Un homme d'État russe (Nicolas Milutine). Étude sur la Pologne et la Russie (1855-1872)*.......... 1 vol.

LUCE (S.) : *Jeanne d'Arc à Domrémy*, 3ᵉ édit.......... 1 vol.
La France pendant la guerre de Cent Ans, 2ᵉ édit.......... 1 vol.

MÉZIÈRES, de l'Académie française : *Silhouettes de soldats*.......... 1 vol.

MONTÉGUT (É.) : *Choses du Nord et du Midi*.......... 1 vol.

ROSEBERY (lord) : *Napoléon, la dernière phase*, 4ᵉ édit.......... 1 vol.

VILLETARD DE LAGUÉRIE : *Trois mois avec le maréchal Oyama*..... 1 vol.

WALLON, de l'Institut : *La Terreur*, 3ᵉ édit.......... 1 vol.
Jeanne d'Arc, 7ᵉ édit.......... 1 vol.

ZURLINDEN (général) : *La guerre de 1870-1871*.......... 1 vol.

9 782019 913519